DAS AHA-BUCH

Lexikon für Lichtarbeiter

Vyvamus
durch Janet McClure und Lillian Harben

DAS AHA-BUCH

Lexikon für Lichtarbeiter

ch. falk-verlag

Aus dem Amerikanischen
von Heidrun Essig

Redaktion: Peter Güllekes

5. Auflage, Januar 2002

Umschlaggestaltung: The Tibetan Foundation

Satz: Indragni, Ascheberg-Herbern
Druck: Druckerei & Verlag Steinmeier, Nördlingen

Printed in Germany
ISBN 3-924161-57-7

Inhaltsverzeichnis

	Wer ist Vyvamus?	6
	Einleitung	7
1	Licht	9
2	Muster der Angst	14
3	Das Ziel erreichen	20
4	Überbrückungsprozesse	23
5	Überlastung und Begrabensein	25
6	Das Schaudersyndrom	27
7	Unterstützung durch die Seele	30
8	Vielschichtigkeit des Selbst	32
9	Vermeidungsprogrammierung	37
10	Erdverbindung	39
11	Bedingungslose Liebe	42
12	Freude	45
13	Freier Fluß	48
14	Überwindung der Persönlichkeit	50
15	Schattenseiten	54
16	Das Freundschaftssyndrom	56
17	Unterstützung durch die Menschheit	58
18	Minderwertigkeit und Unsicherheit	60
19	Eltern-Kind-Beziehung	62
20	Kommunikationsblockaden	64
21	Der physische Körper	67
22	Arbeit am Emotionalkörper	73
23	Verbindung mit dem Engelreich	75
24	Entrüstung und Gereiztheit	77
25	Annahme deiner göttlichen Macht	78
26	Das innere Kind	80
27	Führerschaft	82
28	Musische Fähigkeiten	84
29	Der Tanz der Schöpfung	86
30	Gleichgewicht	88
31	Polaritätsspaltung	89
32	Galaktische Kontakte	92
33	Das Zwillingsseelen-Syndrom	94
34	Die Dämmerstunde	96
35	Einheit mit der Seele	98
36	Unbegrenztheit	99
37	Unterstützung und Struktur	101
38	Verantwortung	103
39	Die Gruppe	105
40	Wut auf den Prozeß	107
41	Schöpfer und Mitschöpfer	109
42	Wille und Wahl	110

Wer ist Vyvamus?

Vyvamus ist ein kraftvolles kosmisches Wesen, das zu uns gekommen ist, um uns in dieser kritischen und doch wundervollen Zeit zu dienen, einer Zeit, in der die Menschheit spirituelles Bewußtsein zu entwickeln, die äußeren „Formen“ abzulegen und sich mehr dem Licht, dem Neuen Zeitalter zuzuwenden trachtet. Er teilte uns mit, daß er durch den Wunsch der Menschen nach Vervollkommnung hierhergerufen wurde. Er ist, wie viele andere spirituelle Lehrer, gerade jetzt erschienen, um den Übergang ins Neue Zeitalter so leicht und schmerzlos wie möglich zu gestalten und uns zu einer möglichst hohen Schwingungsebene zu verhelfen.

Vyvamus ist ein höherer Aspekt von Sanat Kumara, unserem planetaren Logos, der die Erde beseelt und überall um uns und in uns ist. Sein Bewußtsein hält die Erde zusammen. Vyvamus könnte vielleicht der Seele Sanat Kumaras gleichgestellt werden.

Vor langer Zeit hat sich auch Vyvamus durch eine Reihe physischer Inkarnationen entwickelt, ähnlich wie das die Menschheit auf diesem Planeten jetzt betreibt. Er durchlief seine Entwicklung auf einem Planeten, der, obwohl weit entfernt, der Erde sehr ähnlich war. Während seiner physischen Existenz bot man ihm die Möglichkeit, Sprachrohr eines sehr hohen spirituellen Lehrers zu sein. Er erlebte, daß er durch diesen Dienst des Channelns in der Lage war, eine klare Wahrnehmung von der Natur der physischen Existenz und ein erweitertes Bewußtsein zu erlangen, was ihm die Möglichkeit eröffnete, im darauffolgenden Leben aufzusteigen. Dies geschah nach nur 37 Leben in der physischen Dimension. Da Vyvamus am eigenen Leib erfahren hat, wie schnell man sich durch Channeln entwickeln kann, empfiehlt er seinen Schülern, das Channeln als Hilfe für die eigene Entwicklung aufzufassen und nicht nur als einen Dienst, um Botschaften eines Lehrers auf die Erde gelangen zu lassen.

In seiner großen Liebe hat Vyvamus sich entschlossen, die Menschheit durch hingebungsvolle Persönlichkeiten wie Janet McClure zu unterstützen. Er lehrt in Einzelsitzungen und Seminaren mittels des gesprochenen Wortes, bietet aber auch Musik und Ton an. Letzteres gehört zu seinen Spezialitäten.

Einleitung

Was ist eine Erkenntnis? Erkenntnis entsteht, wenn du Einzelheiten deiner gegenwärtigen Situation ganz real auf einen bestimmten, vielleicht umfassenden Teil deines Lebens beziehst, zu etwas Neuem zusammenfügst und zum Bewußtsein bringst. Sie zeigt, wo du gerade stehst und wie du dahin gekommen bist. Was du vorher nicht gesehen oder nicht verstanden hast, wird plötzlich, besonders auf der mentalen Ebene, klar wie ein Kristall.

Wenn du erkennst, daß du dein Leben aufgrund deiner Glaubenssätze selbst erschaffst (und dieses Buch basiert auf dieser Grundlage), dann weißt du auch, daß du dein Leben ändern und verbessern kannst, wenn du die Glaubenssätze, die dir nicht dienen, aufgibst.

Wenn du in deinem Leben eine Erfahrung machst, eine Situation erlebst, die dir etwas widerspiegelt, ist es möglich, von da aus rückwärtszugehen und auf den Glaubenssatz zu schließen, den du in dir trägst und der für diese Wirkung in deinem Leben verantwortlich ist. Zumindest kannst du dir die verschiedenen Möglichkeiten ansehen, die diese Wirkung hervorgerufen haben könnten. Mangelt es dir in deinem Leben beispielsweise an Geld, dann muß die Ursache in einem der folgenden Glaubenssätze liegen: 1. Du bist nicht kreativ genug, um Reichtum zu erlangen. 2. Du verdienst keinen Reichtum. 3. Reichsein ist nicht spirituell; du mußt zwischen einem guten oder reichen Leben wählen. 4. Reichtum gefährdet deine physische Existenz.

Diese Programmierungen sind deinem bewußten Denken nicht zugänglich, da sie im Unterbewußtsein gespeichert sind. So wirst du dir sagen: „Ich glaube schon, daß ich Reichtum verdient habe." Aber sei dir bewußt, du wärest reich, hättest du nicht mindestens einen Glaubenssatz in dir, der dem entgegensteht; denn Reichtum ist dein natürliches Geburtsrecht. Wenn du einmal gesehen hast, warum du eine bestimmte Situation in deinem Leben erschaffst und warum du sie aufrechterhältst, wenn du dies gesamte Bild als Gegenwart erkennst und nicht als ständige Wiederholung eines Musters der Vergangenheit, dann kannst du dich von der alten Vorlage lösen. Das muß nicht einmal bewußt geschehen; es gibt einen Mechanismus, der das automatisch für dich erledigt.

Das Streben nach einer vollständigen Veränderung verlangt jedoch meist mehr als nur mentale Erkenntnis und Annahme. *Die Bedürfnisse und Glaubenssätze des Emotionalkörpers müssen erfüllt sein.* Der Emotionalkörper muß sich unterstützt fühlen, wenn du ein Muster zu verändern wünscht. Das Emotionale unterliegt wie das Mentale dem Unterbewußtsein. Es arbeitet mit Gefühlen und Symbolen, aber seine Schlußfolgerungen sind genauso gültig, genauso bedeutungsvoll und wohl noch mächtiger als die mentalen Schlußfolgerungen. Das Denken muß das Fühlen von seinen Folgerungen bezüglich der irreführenden Glaubenssätze, die im Unterbewußten gespeichert sind, in Kenntnis setzen. Der Emotionalkörper arbeitet auf der Grundlage dieser Glaubenssätze und muß daher überzeugt werden, daß er auch durch die neuen Glaubenssätze oder Muster, die du aufstellen möchtest, gewürdigt wird. Nur dann können sich die Glaubenssätze im Unterbewußten ändern.

Nehmen wir ein Beispiel: Wenn du in vielen Leben den Tod im Wasser gefunden hast, dann steigt die Angst vor dem Ertrinken immer wieder in dir hoch, wenn du im jetzigen Leben in der Nähe eines Gewässers weilst; denn diese Information, dieses emotional geladene Muster, wird von Leben zu Leben weitergegeben. Fühlt der Emotionalkörper jetzt Unterstützung, wenn er merkt, daß Wasser den Körper durchaus tragen kann, dann wird er nicht mehr befürchten, daß Wasser gefährlich ist. Wenn er mit deiner mentalen Erkenntnis, welche die Wahrnehmung verändert, übereinstimmt und die Angst aufgibt, kannst du wieder ohne Furcht schwimmen und dem Wasser erlauben, dich zu tragen.

In diesem Buch werde ich, Vyvamus, dir die möglichen Ursachen für viele unerwünschte oder unklare Umstände angeben, die dir vielleicht in deinem Leben gespiegelt werden. Du kannst die einzelnen Abschnitte lesen und prüfen, ob sie auf das zutreffen, was du entsprechend deinen Glaubenssätzen in dein Leben ziehst.

Ich hoffe, daß du das Buch vom Anfang bis zum Ende durchliest, auch wenn du nur auf die Erhellung einer bestimmten Situation aus bist, denn ich denke, daß einige Kapitel, die meine Sichtweise über verschiedene Sachverhalte wiedergeben, dich überraschen werden. Dadurch wirst du vielleicht Bereiche deines Lebens entdecken, die du ändern möchtest, und dir werden neue Möglichkeiten aufgezeigt, von denen du bisher nichts ahntest.

In Liebe, Vyvamus.

Kapitel 1

LICHT

Dieser Abschnitt behandelt das Licht, und sicherlich weißt du, daß du manifestiertes Licht bist. Aber vielleicht hast du bisher nicht gewußt, daß Licht tatsächlich ein Energiespektrum ist, das in seiner Schwingungsintensität variiert und sich fortwährend bewegt, verändert, beschleunigt und entwickelt. Du hast vielleicht einfach an eine Lichtquelle gedacht, ohne wahrgenommen zu haben, daß sie sich entwickelt und ausdehnt.

Licht enthält alles, was die Quelle innerhalb eines bestimmten konzeptionellen Rahmens manifestieren möchte. Der Grundgedanke dieses kosmischen Tages ist der „Mut", und so ist das Licht, das sich manifestiert und von dem wir ein Teil sind, eine umfassende, unbegrenzte, sich entwickelnde und wachsende Perspektive, die sich auf den Mut konzentriert. Das bedeutet, daß du Licht aus einer Perspektive des Mutes betrachtest, und vielleicht haben deine Glaubenssätze bezüglich des Mutes einen Einfluß auf die Art und Weise, wie du das Licht sowohl in dir selbst als auch innerhalb der göttlichen Umgebung siehst. Kannst du sehen, daß unsere Quelle einen unbegrenzten, sich entwickelnden Rahmen geschaffen hat, der den Mut beleuchtet und es möglich macht, ihn so vollständig zu erforschen, wie die einzelnen Aspekte der Quelle (und das sind natürlich wir alle!) es zulassen können? Mut führt dazu, daß wir uns zunehmend auf eine immer weitere Perspektive einlassen können.

Mut als die Leitidee eines kosmischen oder physischen Tages ist von sehr spezieller Qualität, die alles möglich macht. Du bist mutig, wenn du kraft deiner göttlichen Verbindung eine wachsende Perspektive, eine „erhellende" Sichtweise in einem Teile deines Lebens wahrnimmst. Du magst Ängste haben, deine Unbegrenztheit auszudrücken. Einigen von euch bereitet es gelegentlich Angst, vor einer Menschenmenge zu reden. Wenn dein Erdendienst dir aber abverlangt, große Gruppen anzusprechen, kann dein Mut, der deinem Engagement entspringt, d.h. dem Wunsche, diese Aufgabe zu erfüllen, es dir möglich machen, die Angst zu überwinden. Er kann dir helfen, durch die Angst hindurchzugehen und dich freier und unbegrenzter auszudrücken. Du magst fragen: „Was ist der Unterschied zwischen Mut und dem Engagement für den kosmischen Plan?" Und das ist in der Tat eine gute Frage. Ein Engagement für die göttliche Ordnung ist meines Erachtens der Grundstein, die fundamentale Herzqualität, die alles weitere ermöglicht. Es ist unsere Verbindung mit dem Plan, ist der Kanal, durch den alles strömt. Es scheint so zu sein, daß Mut in diesem Fall die Energie ist, die durch diese Verbindung fließt; erst durch sie kann eine klarere und unbegrenztere Perspektive entstehen.

Mut ist Energie; gibst du Energie in etwas hinein, wird das einen Unterschied machen: Es wird dir helfen, freier und unbegrenzter zu werden. Zuerst mag es nötig sein, bestimmte unbewußte Blockaden auszuräumen, aber wenn du während des Erkenntnisprozesses die Energie des Mutes nutzt, wird dies allmählich zu einem Kontakt mit einer erweiterten Perspektive führen. Es ist kein Zufall, daß Mut die spezielle Qualität ist, die gerade jetzt benötigt wird, um das Neue Zeitalter hervorzubringen. Ihr braucht Mut, um für eure Überzeugungen und Glaubenssätze auch eintreten zu können. Wenn ihr das unterließet, bliebet ihr den alten Verhaltensmustern auch weiterhin unterworfen. Den Mut zu haben, dich kraft deiner Überzeugungen dem Dienst am kosmischen

Plan zu weihen, eröffnet dir neue Möglichkeiten und Perspektiven: dein Leben verläuft leichter, und das Licht wird dir als Bewegung, als Fluß, als Organisator allen Seins bewußt.

Um besser verstehen zu können, daß Licht ein Organisator ist, wollen wir uns den Regenbogen ansehen. Das Licht läßt sich in bestimmte Farben aufteilen, die alle zusammen das vollständige Lichtspektrum bilden. Auf der physischen Ebene könnt ihr nicht die gesamte Farbfolge wahrnehmen, aber bald lernt ihr höherschwingende, d.h. strahlendere Farben sehen. Seit Beginn der Harmonischen Konvergenz könnt ihr die tieferen Blau-, Rot-, Violett- und Orangetöne, das sehr tiefe Gold und die strahlenden elektrischen Farben des „aufregenderen" Teils des Lichtspektrums sehen, fühlen und benutzen. Wenn du jemals über ein neues Projekt in Aufregung geraten bist, und wenn diese Aufregung in Begeisterung und in den Wunsch mündete, hochaktiv zu werden und viel zu erreichen, dann ist „Aufgeregtheit" ein Teil der Bewegung bzw. des fortschreitenden Bewußtseins, das das Neue Zeitalter genannt wird.

Die Lichtperspektive gleicht buchstäblich einem Gewebe. Obwohl der Regenbogen schön und übersichtlich in der Differenzierung seiner Farben ist, erhält man eine klarere Vorstellung von ihm, wenn man alle Farben in ihren gegenseitigen Beziehungen betrachtet. Jede Farbe hat die Fähigkeit, sich mit jeder anderen zu mischen, d.h. ein Teil von jeder anderen Farbe zu sein. Wenn also eine bestimmte Farbe bisher nicht in der Lage war, voll durch dich zu wirken, hast du dies einer Blockade zu verdanken, die dich als vollständig integrierte Lichtperspektive zu sehen hindert. Laß mich dir ein Beispiel geben. Die Farbe Rot wird mit dynamischer Energie assoziiert. Wenn du im Bereich der dynamischen Energie Blockaden hast, wird Rot noch nicht voll in deine Lichtperspektive integriert sein, so daß dein roter Aspekt „hinterherhinkt" und verhindert, daß du als voll integriertes Licht wirken kannst. Das Ziel ist, deinen Lichtkörper als irdisches Fortbewegungsmittel zu benutzen, aber du mußt jede Farbe und ihre symbolische Bedeutung bzw. Entsprechung klären, damit eine volle Integration stattfinden kann.

Ich werde euch gleich ein kurzes Verzeichnis aller Farben und ihrer Bedeutungen geben. Obwohl viele Angaben auch an anderer Stelle zu finden sind, möchte ich, daß sie dir in diesem Abschnitt zur Verfügung stehen; du sollst gleich hier und jetzt beim Lesen erkennen, welche Aspekte du noch klären mußt. Du magst vielleicht mit Unterstützung eines Helfers in deinem Unterbewußtsein nachforschen, welche Farben nicht auf integrierte Art und Weise ansprechen. Ich werde dir auch einige Übungen geben, die du benutzen kannst, um herauszufinden, ob und wie du die einzelnen Komponenten deines Lichtkörpers zu einer leichten und erhellenden Lichtperspektive verbinden kannst.

Unser Regenbogen ist wahrhaft kreativ und entspricht nicht gerade unserem vertrauten Wetterzeichen.

Rot: Rot ist dynamische Energie, die oft mit dem Sprung in neue, unbekannte Bereiche assoziiert wird. Rot verbindet dich mit der männlichen Polarität, gleichgültig, ob du in einem männlichen oder weiblichen Körper steckst. Es erweckt Assoziationen mit dem Evolutionsprozeß, für viele von euch auch mit der sich entwickelnden Quelle.

Orange: Orange ist der Mentalkörper in seiner logischen und konzeptionellen Form sowie deine Verbindung zu Struktur und Organisation. Es befähigt dich, die zugrundeliegenden Prozesse während jeder Lebenslage in ihrer Beziehung zum Ganzen zu sehen. Es setzt dich in den Stand, die fünfte Dimension der Struktur zu benutzen. Für viele von euch schafft diese Farbe eine kristalline Verbindung mit dem Mineralreich der Erde, für etwa jeden zweiten einen Kontakt zum übergreifenden Energienetz, das zur Erde gehört.

Gelb: Diese Farbe ist mit klarem Denken, mit Intelligenz und den Möglichkeiten der Befreiung von falschen Wahrnehmungen verbunden; das geschieht durch einen Vergrößerungsprozeß, der dreidimensionale Transformationsqualitäten hat. Gelb verbindet mit Heilkräften, besonders wenn diese in die Erde und zurück zum heilungsbedürftigen Individuum geleitet werden. Gelb hilft, Energie zu sammeln bzw. zu konzentrieren, und trägt hiermit dazu bei, mentale Eigenschaften auf den Punkt zu bringen. Es spricht Konzentrationsprobleme und das Erinnerungsvermögen an. Es verbindet direkt mit den physischen Aspekten von Sanat Kumara und bildet damit eine Verbindung zum solaren Logos Helios. Bei dieser Verbindung füge auch die Farbe Gold hinzu.

Grün: Grün wird mit Heilung, mit Wachstum und Evolution, mit Harmonie und Gelassenheit assoziiert. Weiter führt es zu einem klareren Gebrauch des Emotionalkörpers, schafft einen speziellen Kontakt zur vierten Dimension des Fließens und eine Verbindung zur Kunst, einschließlich Malerei, Musik und Tanz. Grün ist in der Lage, eine ganzheitliche Sichtweise umittelbar von der Quellebene zu übernehmen und fördert daher den Ausdruck von Unbegrenztheit.

Blau: Die blaue Farbe hilft, die Polaritäten durch ihre Verbindung zu Liebe und Weisheit auszugleichen. Sie ist ein Öffner und Träger von elektrischer oder silberner Energie — beide vermischen sich, wenn der Körper leichter und heller wird. Blau wird mit Reinheit und mit Sinn und Zweck der Liebe assoziiert. Es hilft die eigene Bestimmung zu finden, indem es ins Gleichgewicht setzt und Verbindungen herstellt. Blau betont den Dienst am Plan und macht ihn transparenter.

Indigo: Das Indigo enthält in sich eine tiefe Verbindung mit der Quelle. Indem es sich auf sie konzentriert, hilft es Bereiche der Trennung zu klären. Oft wurde es mit der Christusenergie assoziiert. Indigo versucht verschiedene spirituelle Sichtweisen durch den Dekristallisationsprozeß zu verbinden. Bei Dekristallisationen im Bereich der Hingabe durchschreitet man sieben Dekristallisationsebenen, durch die man „auftsteigt".

Violett: Violett bedeutet Transformation, Reinigung, Transmutation. Da dieser Farbton alle anderen Farben und ihre Bedeutungen zu integrieren vermag, ist er mit der zeremoniellen „Magie" oder der Fürbitte verbunden. Violett hilft all das zu integrieren, was man auf der Erde gelernt hat. Es fördert die Heilung von „Polaritätsspaltungen" und steht bereit, den Emotionalkörper durch seine Verbindung mit dem spirituellen Körper zu heilen. Es unterstützt das Klären und Reinigen der physischen Struktur und die Ausrichtung der mentalen an der spirituellen Perspektive. Violett wird eng mit St. Germain und dem Neuen Zeitalter assoziiert.

Rosa: Rosa wird mit der Herzenergie und ihren Eigenschaften in Verbindung gebracht, insbesondere mit Liebe, Mitgefühl und Dankbarkeit. Es hilft jede Kristallisation im Bereich des Willens abzuschwächen und unterstützt den Prozeß der Hingabe. Rosa reicht in alles Neue, Zukunftsträchtige und versieht es mit Nahrung; daher ist es eine Hilfe für das Erkennen des göttlichen Unterstützungssystems. Rosa wird oft auch mit dem Engelreich assoziiert.

Silber: Das Silberne ist ein Symbol für die elektrische Energie der Seele. Es symbolisiert den Gebrauch der Seelenenergie und setzt alles daran, in Bewegung zu sein. So sucht es Blockaden des elektrischen Flusses jeglicher Art einschließlich aller elektrischen und elektronischen Geräte, die auf der Erde benutzt werden, aufzubrechen und zu dekristallisieren, indem es in sie eindringt und mehr Seelenenergie auf der Zellebene verankert. Silber wird ebenfalls oft mit dem Engelreich in Verbindung gebracht und spricht die Lichtperspektive an.

Gold: Gold ist der „perfekte Integrator". Gold betont die Akzeptanz der Seelenebene und der Ganzheitlichkeit in allen Sphären. Es verbindet alles miteinander und steht für die innere und äußere Fülle. Gold hilft die Mitschöpferebene zu integrieren und alle Dinge zusammenzufassen, die zerstreut erscheinen. Es verbindet durch Sanat Kumara bzw. die planetarische Brücke unmittelbar mit Helios, der Bewußtseinsebene des solaren Logos. Gold hilft durch einen Dekristallisationsprozeß eine größere Herzstrahlung zu entwickeln. Es versucht, Sichtweisen anzugleichen, die konträr sind und sich dadurch leichter miteinander verbinden lassen. Es steht im Zusammenhang mit der „königlichen Würde" und der Annahme seiner eigenen Macht, dadurch daß man seiner wahren Identität Ausdruck verleiht. Gold erweckt die Ebene der wahren Realität, erweitert die kreative Basis, indem sie den Fluß zuläßt, und beschleunigt das Zusammentreffen verschiedener Kreativitätsebenen. Es bringt häufig eine Kreativität von erhöhter Integrationskraft hervor.

Um mit dem Gesagten zu arbeiten, empfehle ich dir eine Übung: Stelle dir jede Farbe als eine Person vor, die eine Kleidung in dieser Farbe trägt oder deren Haut diese Farbe aufweist, und untersuche dann, was dabei herauskommt. Bist du beispielsweise eine Frau und personifizierst Blau als eine Frau, die weint und sich verloren und niedergeschlagen fühlt, dann kann es sein, daß sich dein weiblicher Teil in deinem Polaritätsbereich verloren fühlt, als nicht dazugehörig oder nicht vereint mit dem männlichen Anteil. Du kannst auch zwei Farben miteinander in Beziehung setzen und daraus lernen. Nimm an, daß Gold die anderen Farben zu einem Fest einlädt. Sagt jeder zu? Kommen alle? Wie sind sie gekleidet? Vielleicht ist das Fest formeller Art, und Blau fühlt sich in der Umgebung, die Gold geschaffen hat, unwohl in ihrer Aufmachung. Dann versuche herauszufinden, warum sich die blaue Perspektive nicht recht einpassen will. Führe diese Übung mit anderen durch, z.B. mit deinem Partner. Geht kreativ die Möglichkeiten durch. Diese Art der Visualisierung kann dir helfen, dich selbst als Licht zu verstehen.

Denke immer daran, daß deine Lichtperspektive, die dich und deine Umgebung jederzeit erleuchtet, durch Symbole angesprochen werden kann. Es gibt viele Arten, Sinnbilder zu benutzen. Statt der Personifizierung kannst du jede Farbe bitten, dir ein Symbol zu geben. Bringe es ins Dritte Auge und sieh auf deiner inneren Mattscheibe, was dieses Symbol bedeutet. Vielleicht möchtest du diese Farbe auch in dir oder an deiner Kleidung tragen und dann sehen, was in dir aufsteigt, während du das tust. Du kannst die Farben mit den verschiedenen Körpern, dem physischen, mentalen, emotionalen und spirituellen, verbinden und beobachten, wie jeder von ihnen auf bestimmte Farben reagiert.

Kapitel 2

MUSTER DER ANGST

Viele von euch leiden unter starken Ängsten und wissen nichts davon. Sie spüren vielleicht eine gewisse Unruhe und klagen über Schlafschwierigkeiten oder Konzentrationsschwächen; all dies sind Anzeichen eines Angstmusters. *Angst entsteht im Mentalkörper während der Suche nach einem Gefühl der Zugehörigkeit, des Einbezogenseins in eine umfassendere Perspektive.*

Während bestimmter Phasen der Evolution eines Menschen versucht der Mentalkörper, das Leben weitgehend unabhängig zu steuern. Er steht wahrscheinlich noch nicht in angemessener Beziehung zum Emotionalkörper, der die Verbindung zum Strom des Lebens herstellt. Der Mentalkörper ist ein konzeptionelles Werkzeug, das die Dinge eingehend untersucht. Es lotet sehr tief, verbindet aber nicht in der gleichen Art und Weise wie der Emotionalkörper. Wenn du in deinem Leben deinen Mentalkörper betonst, dann ist hauptsächlich er es, der eine Verbindung sucht, natürlich stets vergeblich. Um an sein Ziel zu kommen, probiert er vieles aus und erwägt jede nur mögliche Alternative.

Nun magst du sehr wohl eine mentale Erkenntnis haben, was bedeutet, daß du eine bestimmte Perspektive mental integrierst. Laß uns einmal annehmen, daß du dich bemühst, tiefer in deinen Kanal zu gehen, um klarer zu channeln. Mental weißt du, daß du nicht so tief hineinkommst, wie du gerne möchtest, und vielleicht bist du bestimmten Verhaltensmustern begegnet, die dir dabei im Wege stehen. Du hast diesen Punkt zwar aufgelöst und verstanden, aber die eigentliche Verbindung ist trotzdem nicht zustande gekommen.

Dein Mentalkörper wird also beim Versuch, seine Aufgabe zu erfüllen (erinnere dich — das ist seine Aufgabe!), das Ganze noch eingehender und auf viel breiterer Basis untersuchen. Vielleicht bekommst du Alpträume, von deinem Mentalkörper angestiftet, vielleicht auch Schmerzen oder Spannungen. Wenn der Mentalkörper versucht, die Lücke in der Verbindung zum gewünschten Ergebnis zu überbrücken, wird mit Sicherheit ein Angstmuster auftreten. Euer Mentalkörper ist einfach nicht dazu gemacht, alles zu erledigen und die vollständige Perspektive des Selbst zu sein. Er ist der Fokus und hilft dir, ein umfassendes Verständnis zu entwickeln. Aber die Verbindung zwischen dem Selbst und deinem Intellekt ist der Emotionalkörper: der starke Wunsch, die Liebe, das Zulassen, das Gefühl, der Empfangende zu sein, die Freude. Buchstäblich alle diese positiven Emotionen verbinden einen Fokus des Selbst mit einer größeren Perspektive. Ganz sicher verbinden sie dich mit der spirituellen Perspektive, der göttlichen Blaupause des Selbst, und mit der Einsicht, wie sich eure spezielle göttliche Blaupause in die umfassende göttliche einfügt.

Eines der tiefsten Angstmuster in eurer Evolution zeigt sich, kurz bevor ihr zu der Erkenntnis aufwacht, daß es etwas gibt, was über das Physische hinausreicht. Es geschieht gewöhnlich, wenn ihr ausschließlich auf die Mentalebene eingestimmt seid, vielleicht sogar den physischen Körper ignoriert. Diese intensive Konzentration auf das Mentale hat die Tendenz, daß ihr euch selbst fremd werdet, und diese Entfremdung, meine Freunde, führt zur Angst. Wann immer Angst auftritt, ist immer eine entfremdende oder trennende Perspektive vorhanden, die nicht zur wahren

Verbindung gefunden hat, obwohl sie tief in die Dinge eindringt und sie von allen möglichen Seiten beleuchtet. Der Mentalkörper ist dazu einfach nicht in der Lage. Die Fähigkeit zu einer klaren Verbindung obliegt ausschließlich dem Emotionalkörper.

Vielleicht möchtest du jetzt ein wenig die Leistungen des Mentalkörpers verteidigen. Glaub mir, mein Freund, ich kritisiere den Mentalkörper nicht. Ich, Vyvamus, bin auch an diesen Punkt gekommen: Ich war ganz und gar entfremdet, weil in die mentale Perspektive verstrickt. Ich hatte einen meiner tiefsten Komplexe in mir aufzulösen, es war lebenswichtig für mich. Es gelang mir durch die sehr gute Verbindung mit meiner physischen Perspektive, nicht mit der emotionalen; das war mir zu jener Zeit nicht möglich. Viele von euch machen das heute genauso. Ich finde es hilfreich, daß ihr auf der Erde in letzter Zeit einen so großen Wert auf die Körperarbeit legt. Auf diese Weise versucht eure Erde, aus der mentalen Verwirrung, von der ein Teil eurer Zivilisation befallen ist, auszubrechen.

Wenn wir die Evolution der Vereinigten Staaten anschauen, stellen wir für die letzten fünfzig Jahre eine Betonung der Stärken des Mentalkörpers fest, ohne daß eine Partnerschaft mit den Perspektiven des emotionalen, physischen oder spirituellen Körpers entsprechend gefördert wird. Euer Mentalkörper muß lernen, Spieler in einem größeren Team zu sein. Interessanterweise verstärkt der Emotionalkörper mit seinen Glaubenssätzen über den Mentalkörper in gleicher Weise den Komplex der Angst. Ich halte Angst jedoch nicht für einen Teil der emotionalen Perspektive, auch wenn einige von euch darin nicht mit mir übereinstimmen werden. Dennoch: Ich würde Angst eine mentale Emotion nennen.

Nun, ich habe einigen von euch, die sehr mental sind, öfter gesagt, daß ihr diese mentalen Emotionen habt. Damit habe ich gemeint, daß der Mentalkörper die Führung so sehr innehat, daß die einzige emotionale Reaktion, deren ihr fähig seid, über den Mentalkörper abläuft. Diese Angst, von der wir hier sprechen, entsteht ausschließlich durch die Perspektive des Mentalkörpers. Was mit einem solchen Angstmuster einhergeht, ist das Gefühl, daß eine wichtige Verbindung nicht zustande gekommen ist: entweder in einem spezifischen Komplex oder, wenn das Muster tief genug angelegt ist, bezüglich eurer Verbindung mit dem Schöpfer.

In euren psychiatrischen Kliniken sind die Patienten, die sich unruhig und ruckartig bewegen, eigenartige Reden halten und aufgeregte Selbstgespräche führen, sicher auch emotional aus dem Gleichgewicht geraten, aber der tiefere Kern ihres Komplexes stammt vom Mentalkörper. Die Kranken erfahren ein Muster der Entfremdung durch die Mentalperspektive. Um sich damit auseinanderzusetzen, ist es unbedingt erforderlich, daß die Emotionen und das Mentale als gleichwertig anerkannt werden. Und damit verlangt man unendlich viel von einem, der Leben für Leben alle Emotionen begraben hat. Die Emotionen scheinen dem Team nicht zugehörig, weil — im Gegensatz zum Mentalen — unfähig zu klarem Ausdruck.

Nun, der klare Weg zu den Emotionen geht selbstredend über das Herzzentrum. Euer Mentalkörper wird das Herz und seine positiven Qualitäten als sehr wichtig einschätzen, wenn — möglicherweise — auch nicht als Teil des Emotionalkörpers erkennen. Bei vielen von euch gibt es innerhalb der mentalen Perspektive den Glaubenssatz, daß im Emotionalkörper ausschließlich negative Emotionen existieren. Da ist das Herzzentrum etwas anderes. Natürlich stimmt das nicht. Das Herz benutzt den Emotionalkörper als Ausdrucksmittel. Es gleicht mit allen seinen Qualitäten Fingern, die alle Körper miteinander verbinden. Du brauchst jeden dieser Finger, du brauchst

Verknüpfungspunkte, um das integrierte Vier-Körper-System zu bekommen, nach dem du eigentlich suchst, wenn du auf das Leben mental reagierst.

Es ist für deinen Mentalkörper notwendig, das Bedürfnis abzulegen, alles mental zu verstehen. Denn, mein Freund, manche Dinge können nicht mental, sondern nur emotional, physisch oder spirituell verstanden werden. Eins der tiefsten Muster, dem ich in der metaphysischen Gemeinschaft begegnet bin, besagt: „Ich muß alles jetzt gleich lernen und verstehen." Das führt zu wahrer Lernsucht unter hohem Druck, so daß die Fähigkeit zum Lernen jenseits des Mentalen ausgelöscht wird. Damit wird der Lernprozeß aufgespalten, und genau das verhindert eine vollständige Integration.

Bei vielen von euch hat dieser Prozeß zu starken Schäden eures physischen Körpers geführt. Manche haben Dinge in ihr Leben eingelassen, die den Tod der physischen Struktur hätten bewirken können, nur weil sie zum Loslassen und Lernen durch den physischen, emotionalen und spirituellen Körper nicht bereit gewesen sind. Der Mentalkörper muß erkennen, daß Evolution auch auf der physischen Ebene möglich ist, um zulassen zu können, daß die Angst sich auflöst.

Du gerätst in Muster der Angst, wenn du nicht wahrnimmst, daß deine physische Realität sich weiterentwickelt. Die Herzqualitäten dienen hier als Schlüssel. Denn manchmal braucht es mehr als ein Leben, um die Entwicklung in einem bestimmten Komplex sichtbar werden zu lassen. Laßt mich hierzu den Prozeß des Alterns anführen. Es mag dich viele Leben kosten, den Alterungsprozeß zu verlangsamen, ihn ganz zu stoppen und sogar umzukehren. Daher kannst du auf der physischen Ebene den Evolutionsprozeß nicht immer klar vor Augen haben. Aber sicher kannst du mit Hilfe des Mentalkörpers einsehen, daß es eine Entwicklung gibt, welche die Emotionalkörper veranlaßt, diesem Prozeß zu vertrauen, und über den spirituellen Körper den Kontakt mit diesem Prozeß herstellen. Das bedeutet für deinen Mentalkörper, daß er aufhören muß, auf eine Wirkung erpicht zu sein; statt dessen sollte er dem Prozeß erlauben, auf der physischen Ebene so vollständig wie möglich abzulaufen. Natürlich wird der Mentalkörper weiterhin als Mitglied des Teams an solchen Prozessen teilnehmen.

Es ist notwendig zu erkennen, daß der Prozeß insgesamt ein vierfacher ist, entsprechend den vier Körpern eures Systems. Von deiner mentalen Perspektive wird nicht verlangt, die emotionale Perspektive zu verstehen, aber es wird von ihr erwartet, der übergreifenden Perspektive, der Führung eures Systems, zu vertrauen. Nun, was bedeutet das? Vertrauen ist eine Herzqualität, und habe ich nicht gerade gesagt, daß die Qualitäten des Herzens emotional sind? In gewisser Hinsicht stimmt das, aber Vertrauen ist auch ein Verbindungsglied. Wenn der Mentalkörper durch den Kontakt mit dem spirituellen Körper sieht, daß es einen übergeordneten Plan gibt, und erkennt, daß er selbst Teil dieses Planes ist, kann er den anderen Aspekten des Projektes ebenso erlauben, durch dich zu wirken. Das ist es, was ich Vertrauen nenne.

Die meisten von euch erwartet der wichtigste Zeitpunkt eurer Evolution auf der irdischen Ebene, wenn ihr das Physische hinter euch laßt und euch umschaut: dann seht ihr endlich, daß es eine spirituelle Verbindung gibt. Wir nennen das eine Verbindung mit der Seele oder eine Seelenvereinigung. Euer Mentalkörper erkennt etwas Größeres an und beginnt, sich diesem Größeren hinzugeben.

Du kannst die spirituelle Ebene aus der Sicht der Mentalebene nicht beweisen, und aus diesem Grunde bin ich, Vyvamus, nicht bereit, Wunder für die Menschheit zu manifestieren. Wenn du mental noch nicht erkannt hast, daß es etwas Größeres als die mentale Perspektive gibt, oder wenn du noch nicht dahintergekommen bist, daß die physische Ebene ohne etwas Größeres unvollständig ist, kann es dir auch niemand klipp und klar beweisen. Es mag an einem bestimmten Punkt möglich sein, daß dir ein Lehrer über deinen Mentalkörper vermitteln kann, daß es etwas Übergeordnetes gibt. Aber im allgemeinen muß jeder diese höhere Bewußtseinsebene aus eigener Kraft erreichen, indem der Mentalkörper die nötige Stärke entwickelt, um sich auf den Prozeß einzulassen. Das ist der Grund, warum du jeden Lernzwang aufgeben mußt.

Wenn du beim Lesen oft das Gefühl bekommst, daß du alles wissen bzw. allem Neuen umfassend und zwanghaft nachspüren mußt, ziehe in Betracht, daß du damit möglicherweise deine Evolution verzögerst, denn du verurteilst deinen Mentalkörper dazu, überall gleichzeitig zu sein. Dein Mentalkörper mit seinen konzeptionellen Fähigkeiten ist sicher in der Lage, das gesamte Bild zu sehen, wenn du dies zuläßt. Im Prozeß des Auf-der-Erde-Seins liegt jedoch System, und um deine einzigartige Position in diesem System zu finden, darf dein Mentalkörper nicht im Wege stehen, damit der spirituelle Körper die Möglichkeit hat, alle deine Aspekte zu aktivieren und zu verschmelzen. Wenn du deiner spirituellen Perspektive erlaubst, dich mental, emotional und physisch zu durchdringen, dann wird das natürliche Verbindungsglied, der Emotionalkörper, jene alles umfassende Verbindung ins Werk setzen, die du suchst. Zum Beispiel: Wie viele von euch wissen nicht, was bedingungslose Liebe ist. Mental kannst du sie nicht richtig einschätzen, physisch hast du sie nie gefühlt, emotional suchst du danach, aber spirituell ist sie dir längst bekannt. So kannst du das Spirituelle mittels der Fähigkeit des Mentalen, sich etwas Größeres vorzustellen, zu Hilfe rufen. Das führt zu einer Entspannung, die das Angst- bzw. Entfremdungsmuster auflöst und damit dem Spirituellen erlaubt, den Emotionalkörper zu erreichen, der den Prozeß in Gang setzt, dich mit der physischen Ebene zu verbinden.

Wir haben sehr viel über den Emotionalkörper als dem Organ gesprochen, das dem hartnäckigsten Widerstand ausgesetzt ist. Für viele von euch trifft das zu, aber für den größeren Teil der Menschheit ist es gerade das Mentale, das eine sehr starre Perspektive der Entfremdung aufrechterhält, die ich Angstmuster nenne. Tatsächlich ist ein wichtiger Schritt nach vorn gemacht, mein Freund, sobald das Angstmuster voll entwickelt ist. Ist das nicht interessant? Besagt es doch, daß euer Mentalkörper einen Weg sucht, um sich zu verbinden, und die Seele anfängt, ihren Einfluß auf ihn auszuüben.

Wenn der Mentalkörper sich genügend hingibt und den Prozeß zuläßt, wird das Angstmuster sich allmählich lösen. Die Befreiung aus der mentalen Kontrolle erlaubt dem Emotionalkörper, den Anfang bzw. den Versuch einer Verbindung zu wagen und so das Ziel der mentalen Anstrengung einzulösen.

An diesem Punkt ist es in höchstem Grade wichtig, die emotionalen Programmierungen unter die Lupe zu nehmen. Insbesondere jene unter euch, die sehr mental veranlagt sind, müssen das Bedürfnis aufgeben, alles lernen zu wollen. Genauer: Du mußt bereit sein, ein erstarrtes Lernsystem in dem Bewußtsein zurückzulassen, daß du dich einem neuen, viel umfassenderen Lernprinzip anvertraust. Aber du hast die alte Ordnung noch nicht aufgeben können, weil du denkst, daß du auf der physischen Ebene alles selbst erledigen mußt. Laß das *Bedürfnis* fahren, alles lernen zu *müssen*; erlaube es dir, ich bitte dich darum! Ganz sicher schlage ich dir nicht vor, das Lernen ganz aufzugeben. Ich möchte dir nur vermitteln, daß du dich auf der physischen Ebene von dem harten Kurs trennen mußt, den du mental einhältst. Du mußt diese starre Perspektive aufweichen. Die

Aufgabe des Anspruchs, alles selbst erlernen zu wollen, könnte der Anfang eines integrativen Zustands sein, den du zu erreichen trachtest.

Vor der Quellebene existiert immer eine tiefe Angst; sie hat mit der Beziehung zur Quelle zu tun, weil sie den schrittweisen Prozeß nicht sieht, der nötig ist, um die klare Ebene des Seins, die ich die Mitschöpferebene nenne, zu verwirklichen. Es gibt immer ein Angstmuster, das besagt: „Da ich diese Konzepte sehen kann, sollte ich auch fähig sein, es mental zu benutzen. Der Plan erwartet von mir, daß ich das gesamte Konzept mental verstehe und jeden Komplex genau untersuchen kann."

Ich habe Neuigkeiten für dich, mein Freund. Du bist nicht für alles zuständig. Du bist „nur" ein Mitschöpfer; andere haben auch ihre Zuständigkeiten. Du trägst zu diesem Zeitpunkt nur für deine eigenen Angelegenheiten Verantwortung. Natürlich ist Gemeinschaftsarbeit wichtig, aber du mußt nicht prüfen und verstehen lernen, was andere schon vor dir begriffen haben. Sprich einfach mit anderen und lerne von ihnen, auch wenn das tiefe Angstmuster fordert: „Ich muß alle Dinge mit meiner eigenen mentalen Perspektive erforschen. Dazu hat mir die Quelle einen Mentalkörper gegeben, und das erwartet sie von mir."

Sicher hat die Quelle dir einen Mentalkörper gegeben und möchte, daß du ihn einmal unbegrenzt benutzen kannst. Aber wenn du von dir erwartest, *daß du jetzt alles durch deinen eigenen Mentalkörper lernen mußt,* läßt du die Mitschöpferebene außer acht. *Du hast mentale Stärken und Fähigkeiten, aber du allein mußt nicht alles umfassend verstehen.* Ich möchte nicht, daß du mich hier mißverstehst. Manche von euch werden jetzt nämlich sagen: „Es ist mir gleich, ob ich es von jemand anderem lerne, solange ich es nur lerne." Diese Ansicht führt indes leicht zu einem Muster, das in den Bereich der Minderwertigkeitskomplexe gehört. Es besagt: „Es wird von mir erwartet, daß ich es selbst tue. Wenn ich es alleine nicht schaffe, lasse ich mir zwar von einem anderen helfen, aber ich mache mir über mein Versagen keine Illusionen. Mit ist bewußt, daß ich mich etwas entfremdet habe. Ich bin nicht tief genug verbunden. Deswegen muß ich in Zukunft meine Anstrengungen verdoppeln, um alles aus eigener Kraft zu lernen."

Dies ist ein Muster, welches genau das Gegenteil bewirkt, nicht wahr? Du mußt dich endlich von ihm befreien und dem Gesamtsystem erlauben, dich zu unterstützen — nicht nur deiner mentalen, sondern auch deiner spirituellen, emotionalen und physischen Perspektive. Nimm dir intensiv deine Versagenskomplexe vor, jene Gebiete, die dich so in Angst versetzen, und gönne dir eine bessere Übersicht. Betrachte dein Versagen unter dem Gesichtspunkt, daß deine Perspektive unvollständig ist und dir einfach nicht genügend Daten zur Verfügung stehen.

Mental werden Fakten anders gespeichert als emotional. Wenn du einen Komplex ins Auge faßt, schau dir seine Programmierung an und versuche, sie aufzulösen. Dazu sind höchstwahrscheinlich einige Affirmationen nötig. Dann forsche nach, was dieses Angstmuster in deinem Leben alles angerichtet hat. Denkst du daran, auf deinen Emotionalkörper so lange einzuwirken, bis er die Entsprechung des Angstmusters gefunden hat, die zusätzlich zum mentalen Muster auftritt? Das ist sehr verbreitet, da der Komplex der Unterstützung (genauer: der Nichtunterstützung) emotional oft betroffen ist. Dieser Komplex verleitet dich zu dem Gefühl, daß du keine Verantwortlichkeiten hast oder sie nicht richtig erfüllen kannst, weil dir die Verbindung nicht erlaubt ist. Diese emotionale Entsprechung der Angst tritt insbesondere im Bereich des Solar Plexus auf und wirkt manchmal so stark auf deinen physischen Körper ein, daß du physische Krankheiten wie Krebs,

Dickdarm- oder Magenleiden anziehst. Solche Symptome zeigen dir, daß der Emotionalkörper definitiv betroffen ist.

Weitere Informationen über emotionale Muster liefern dir die folgenden Kapitel: „Das Ziel erreichen“ (Kapitel 3), „Überbrückungsprozesse“ (Kapitel 4), „Überlastung und Begrabensein“ (Kapitel 5), „Unterstützung durch die Menschheit“ (Kapitel 17), „Minderwertigkeit und Unsicherheit“ (Kapitel 18) und „Annahme deiner göttlichen Macht“ (Kapitel 25).

Kapitel 3

DAS ZIEL ERREICHEN

Das Anstreben oder Erreichen eines Ziels ist eine Art Vollendung. Man sucht ans Ziel zu kommen, weil man in sich selbst die gleichen Qualitäten erkennen möchte, die man dem Schöpfer zuschreibt.

Das Bedürfnis, etwas zu erreichen, ist Teil des Evolutionsprozesses. Natürlich gibt es dabei verschiedene Ebenen der Wahrnehmung. Je gründlicher man den immerwährenden Evolutionsprozeß durchschaut, umso klarer tritt ans Licht, daß er nur einer Absicht dient: ein Ziel nach dem andern anzustreben und zu erreichen.

Man fühlt sich nicht vollkommen, nicht vollendet, solange man das gesetzte Ziel nicht erreicht hat. Ein Wettlauf endet beispielsweise, wenn der Läufer das Zielband durchstoßen hat. Mancher sieht den Reiz darin, als erster anzukommen, aber tatsächlich geht es darum, am Rennen teilzunehmen und am Ziel anzukommen, den Wettkampf zu genießen, zu erfahren und als Athlet die Quelle auszudrücken.

Ein starkes Gefühl, sein Ziel erreicht zu haben, kommt immer dann auf, wenn man anderen hilft. Das ist erklärlich; kommt man hier doch mit der wahren Perspektive, wie man als Mitschöpfer leben soll, in Berührung. Natürlich muß die Hilfe auch in umgekehrter Richtung fließen — man muß Hilfe auch von anderen erfahren —, damit der gesamte Prozeß im Gleichgewicht bleibt.

Wenn so viele nie mit dem zufrieden sind, was sie erreichen, liegt das daran, daß sie keinen Rückfluß zulassen. Um Glück zu empfinden, wenn man anderen beisteht, muß das Herz die Dankbarkeit, die Liebe und Anerkennung annehmen, die von den Empfängern dieser Hilfe ausgeht. Das ist der Rückfluß, der notwendigerweise entsteht. In Wirklichkeit ist alles weit umfassender, als ich hier darlege; denn wenn dein Herz offen genug ist, um Dankbarkeit anzunehmen, kommt bedingungslose Liebe und Wertschätzung ins Spiel. Und das ist der Weg in eine zunehmend klare, magnetische und strahlende Lebensperspektive.

So führt die Tatsache des Helfens zu einer klareren Lebensperspektive und zu einem umfassenderen Verständnis von sich selbst und anderen. Man erkennt, daß alles zusammengehört. Man verlangt nicht von dir, daß du zum Märtyrer wirst, zum Opfer deiner Hilfsbereitschaft. Doch bedingungslose Liebe zu dir selbst und anderen führt dich erst zu deiner wahren Größe. Deine eigenen Bedürfnisse werden keineswegs vernachlässigt, unterdrückt oder gar abgeleugnet, wenn du anderen dienst. Du wählst nur eine andere Art, dich auf deine Bedürfnisse und Wünsche zu beziehen. Sie werden in eine größere Perspektive eingebunden, statt vom Gesichtspunkt der Ego-Persönlichkeitsebene aus betrachtet zu werden.

Die Seele hat begonnen, das physische Leben anzuleiten. Das Verlangen, etwas zu erreichen, wird Teil der Seelenperspektive, und *die Seele mit ihrer größeren Fähigkeit, das Ganze zu überblicken, entscheidet aus einer göttlichen Perspektive, welches Ziel für dich wichtig ist und aus welchem Grunde.*

Auf der Seelenebene bedeutet das Erreichen eines Zieles zweierlei: auf der einen Seite gibt man etwas frei, auf der anderen erwirbt oder erhält man etwas. Zielerreichung wird die ausgewogene Perspektive, aus der man das Leben betrachtet, und mit ihr geht eine große Erfüllung einher.

Es gibt einen Unterschied zwischen Sein und Handeln. Euer göttliches Sein ist absolut vollkommen und völlig unabhängig von jeglicher Leistung und Handlung. Aber diese göttliche Perfektion lernt und wächst und erkennt, daß sie erwacht und Freude, Liebe, Anerkennung und all die anderen Herzqualitäten entfaltet. Sie fängt an, sich so sehr zu vertrauen, daß sie in einen Zustand des Handelns übergeht. Vertrauen ist die Verbindung zur Quelle, die einzig das Verlangen kennt, ihre Göttlichkeit, also hauptsächlich einen Zustand der Anerkennung, Liebe, Freude, Dankbarkeit usw., durch all ihre Aspekte auszudrücken.

Freude erzeugt Motivation auf höchster Ebene. Wenn man einen Zustand der Freude erreicht, lebt man im Gefühl von Anerkennung, Vertrauen, Liebe und höchster Zuversicht in den Prozeß des Seins. Und dann ist eine Ausdehnung in den Zustand des Handelns automatisch Teil des Prozesses.

Das solltest du in deinem Alltag zu erreichen suchen: ein glückliches, erfülltes, erfolgreiches und ausgewogenes Leben, das dir gestattet zu genießen, was du tun möchtest, zu tun, was dir Freude bereitet, und den Überfluß zu ernten, den du deinen positiven Beziehungen zu anderen verdankst. Das wiederum erlaubt dir, dich so vollkommen auszudrücken, wie du wirklich bist.

Einige von euch haben konkrete Ziele, die sie erreichen möchten, aber im allgemeinen fragt ihr nach eurer Bestimmung, nach Reichtum, glücklichen Beziehungen und wie man anderen dienen kann. Dies sind Motivatoren, d.h. Wünsche, um bestimmte Lebensqualitäten zu erlangen. Es handelt sich um Qualitäten des Herzens. Wenn sich das Herz einmal weit genug geöffnet hat, wird das Leben immer mit den Augen dieser Eigenschaften gesehen. Durch die Entwicklung und den Einsatz dieser Herzqualitäten kann jeder Bereich, der blockiert ist und nach Auflösung verlangt, in Ordnung gebracht werden.

Von Natur aus bist du glücklich, voll Vertrauen, Freude und bedingungsloser Liebe. Wenn es dir gelingt, die Bereiche, die blockiert sind, aufzulösen, findet deine Göttlichkeit zu ihrem vollen Ausdruck.

Das Erreichen eines Zieles ist darum nicht lediglich ein Weg, um an ein vorgegebenes Ziel zu gelangen, sondern ein Lösungsmechanismus: er motiviert dazu, den Herzbereich zu klären. Lies bitte das Kapitel über die Herzqualitäten und versuche so viel wie möglich zu verstehen. Jedesmal, wenn du deine Herzenergie in eine Erfahrung einbringst, erlaubst du dir, ein klareres Leben zu erschaffen. Sicherlich kennt ihr alle jene Augenblicke, wo ihr euch gegenseitig dankbar seid und voll bedingungsloser Liebe. Stets in diesem Zustand zu sein, im vollkommenen Gleichgewicht und dem bewußten Gefühl, ein Teil von etwas Größerem zu sein — das ist das Ziel! Wer von euch möchte nicht den wohligen Zustand erreichen, in dem man den Plan als den Motivator und seine Ziele als die höchsten, die es zu erreichen gibt, erkennt und annehmen kann.

Denk darüber nach. Die Quelle hat durch ihr konzeptionelles Bwußtsein einen Plan erschaffen und in Gang gesetzt, der entsprechend seiner holografischen Anlage jedes Teilstück deines Selbst bereits zu seiner ganzen Größe erweckt hat. Das führt uns in den Raum des „Ewigen Jetzt". Es ist schwierig, diesen Raum ganz zu verstehen, aber versuche, das „Ewige Jetzt" als einen Kontaktpunkt aufzufassen, den der Schöpfer und sein Plan für dich bereithalten. Dieser Verbindungspunkt ist das Gefühl, das dich erfüllt, wenn du ein Ziel erreicht hast. Es zeigt dich im Zustand wahrhaft bedingungsloser Liebe und vollkommener Integrität.

Dann erst kannst du verstehen, daß das Erreichen des Ziels eine Art Inspiration einer sich in ihrem Bewußtsein entwickelnden Quelle ist. Sie soll uns dazu veranlassen, unsere grundlegenden Herzqualitäten, auf deren Basis wir unser Leben erschaffen, und unsere vollkommene Unbegrenztheit anzunehmen und auszudrücken.

Kapitel 4

ÜBERBRÜCKUNGSPROZESSE

Du weißt, wie eine Brücke aussieht, und du hast auch schon erlebt, wie es ist, wenn man über eine Brücke geht. Aber vielleicht hast du noch nicht gewußt, daß spirituelle Brücken auch nur allmählich entstehen; sie werden ganz ähnlich wie eine materielle Brücke errichtet! Zuerst muß auch hier die Einsicht vorhanden sein, daß eine Brücke überhaupt benötigt wird, um einen Überbrückungsprozeß in die Wege leiten zu können.

Man könnte sagen, daß ein Erkenntnisprozeß die Grundpfeiler zu einer Brücke zwischen zwei Aspekten legt mit dem Ziel, ein tieferes Verständnis über ihr Verhältnis zueinander zu entwickeln. Als gutes Beispiel dafür dienen dir die vielen verschiedenartigen Brücken, die du auf allen Ebenen zwischen dem Emotionalkörper und den Herzqualitäten und -energien anlegst. Während eines Erkenntnisprozesses siehst du verschiedene Ereignisse und gewisse damit in Beziehung stehende Verhaltensmuster, die dich begrenzen, einengen, von unangenehmer Wirkung auf dich sind oder dir zumindest verwehren, dein Leben so zu leben, wie du es wünscht. Der Erkenntnisprozeß fängt an, Energie auszustrahlen und damit ein Spinnennetz um dich herum zu weben, das die verschiedenen Aspekte deines Emotionalkörpers mit deinem Herzen verbindet.

Nimm das Beispiel einer Polaritätsbeziehung, die gerade abgeschlossen ist. Du fühlst tiefe Trauer über einen großen Verlust. In einem Erkenntnisprozeß fängst du an zu sehen, daß du und dein Partner eine Wahl getroffen haben, die zum Besten aller ist, und daß der Verlust nicht unbedingt vernichtend ist. Du hattest vielleicht vor dieser Verbindung schon andere zufriedenstellende Beziehungen, und du kannst jetzt neue anknüpfen. Vielleicht möchte dein ehemaliger Liebespartner in Zukunft immer noch gut Freund sein. Und auch wenn das nicht so ist, kannst du während des Erkenntnisprozesses feststellen, daß der physische Verlust, den du erlitten hast, durch einen spirituellen oder konzeptionellen Brückenprozeß überwunden werden kann. Das erlaubt dir, eine klarere Grundlage für eine neue Beziehung auf der physischen Ebene zu schaffen.

Wenn ein Überbrückungsprozeß mental und spirituell einmal geschaffen wurde, ist es für den Emotional- und physischen Körper wesentlich leichter, die Verbindung herzustellen. Tatsächlich braucht das Emotionale nicht nur die Inspiration der spirituellen Perspektive und die konzeptionelle Leistungsfähigkeit und Logik des Mentalen, sondern auch die Unterstützung des physischen Körpers, um wieder Vertrauen in das zu gewinnen, was ihm nicht besonders vertrauenswürdig vorkommt. Mit anderen Worten: wenn du eine Beziehung abgeschlossen hast, mußt du bereit sein, eine neue anzuknüpfen, und dazu ist der Überbrückungsprozeß unumgänglich. Er setzt dich instand, daß eine neue Verbindung in dein Leben treten kann.

Ich habe den Polaritätsbereich als Beispiel gewählt, weil es für viele ein wichtiger Schlüssel ist; ich möchte euch deshalb auf verschiedene andere Kapitel hinweisen, die sich ebenfalls mit diesem Thema auseinandersetzen. Das spirituelle Brückenbauen setzt sorgsam Stein auf Stein. „Die Dämmerstunde" (Kapitel 34) geht diesem Prozeß genauer nach. Auf der physischen Ebene braucht es ebenfalls eine gewisse Zeit, um ein Brückenbauwerk fertigzustellen. Die kritische Masse ist erreicht, wenn der halbe Bogen fertig ist. Das bedeutet, daß die meisten von euch dann erst genug

Vertrauen haben, die neue Ebene zu begehen, da man sich bereits ausreichend gesichert fühlt. Dieses Vertrauen hilft euch dann, den Sprung ins Unbekannte oder Unerforschte zu wagen.

Überbrückungsprozesse bewirken, daß dich eine größere Kreativität durchströmt. Nimm an, du bist ein Maler, der es leid ist, seine Bilder auf die altgewohnte Art zu malen. Du möchtest ein neues Schaffensniveau erreichen. Du weißt nicht einmal, wie es sein wird, aber du bist ganz sicher, daß es diese neue Ebene gibt und daß du sie erreichen willst. Du fühlst es in dir, weil es bereits eine Verbindung, ein inneres Wissen darüber gibt. Das geht vom spirituellen Körper aus, der dabei ist, eine Brücke zu bilden, die dich in jene neue, klarere und weitere Perspektive deines künstlerischen Schaffens tragen soll. Um emotional und physisch bereit zu sein, diese von deiner spirituellen oder Seelenebene für dich projizierte Befähigung anzuwenden, ist ein Erkenntnisprozeß notwendig, in dem du deine verschiedenen Potentiale, die dir für die neue Ebene zur Verfügung stehen, konzeptionell durchforstet. Du baust auf der Energie auf, die dein spiritueller Körper schon begonnen hat, für dich zu wirken.

Du mußt verstehen, daß dieser Überbrückungsprozeß von der Perspektive der Quellebene aus angegangen und nachempfunden werden kann. Es gibt nichts besser Organisiertes, Wohlgeordnetes und Strukturiertes als unsere Quelle und ihre Evolution. Sie entwickelt zuerst ein starkes Verlangen, beobachtet es konzeptionell und wählt dann ein kreatives Potential oder einen kreativen Kanal, um einen Strom emotionaler Reaktionen in Gang zu setzen, welche die Grundlage einer allumfassenden Brückenstruktur bilden, die den Weg zu ihrem Wunschziel öffnet. Dieser Überbrückungsprozeß ist unbedingt notwendig, damit du dein Potential erkennen und verwirklichen kannst. Die gute Nachricht besteht darin, daß in allen Bereichen, in denen du klarer werden möchtest, Brücken bereits im Bau sind. Du mußt nicht mit der Planung beginnen. Jeder von euch verfügt über Brücken, die schon zu einem Viertel, zur Hälfte oder darüber fertig sind. Vielleicht sind die Brücken bereits vollständig angelegt, und sie warten nur noch auf die Energie, die nötig ist, daß du sie überschreiten kannst. Da letzteres die Aufgabe des Emotionalkörpers ist, dient er als Schlüssel zur Nutzung dessen, was du bereits geschaffen hast. Er ist für alles zuständig, was in einem ganzen Bereich, zu dem du lange schon Kontakt suchst, noch klärungsbedürftig ist; du warst bisher nur nicht in der Lage, ihn „ins Schloß zu stecken".

Wenn die Gefühle „eingeschaltet" werden, bewirken sie, daß die Energie über die Struktur zu fließen beginnt, die dank göttlicher Inspiration spirituell angelegt, konzeptionell erstellt und physisch unterstützt wurde. Es gibt keinen Grund, dich minderwertig zu fühlen oder der Entwicklung hinterherhinkend. Du brauchst weiter nichts zu tun, als mit diesen Brücken, die funktionsfähig sind, Kontakt aufzunehmen. Sowie die Bereiche innerhalb eines Erkenntnisprozesses vollständig wahrgenommen werden und der Emotionalkörper sie mit Energie auflädt, wird euer Bewußtsein auf diese neue Ebene des Verstehens fließen. Es ist ein automatischer Prozeß, der von der Quelle so angelegt wurde. Ist es nicht aufregend, das zu wissen? Es ist wahrhaft eine Inspiration, wenn du erkennst, daß du nicht einfach auf eine höhere Ebene springst, sondern ununterbrochen eine Brücke zu ihr baust. Mit jeder Kommunikation, die du auf irgendeiner Ebene zuläßt, förderst du den Überbrückungsprozeß, der dich buchstäblich Etappe um Etappe auf diese neue Ebene hievt. Dieses Kapitel hat den Sinn, dir zu zeigen, wie gut du all dies bereits machst.

Viele von euch werden nun die alten Brücken vollenden, indem ihr eure Gefühle klarer mit ihnen verbindet, damit eure Energie sie überströmen kann. So erreicht ihr, daß ihr euer Selbst klarer zum Ausdruck bringt.

Kapitel 5

ÜBERLASTUNG UND BEGRABENSEIN

Viele von euch sind in die physische Existenz hineingeraten, ohne wirklich dorthin zu wollen. Es waren eure Lehrer, aber auch Verantwortungsgefühl oder eure Liebe zur Menschheit, die euch veranlaßten, auf die Erde zu kommen und zu helfen. Als ihr dann hier wart, fühltet ihr euch von der Materie überrollt und in der dritten Dimension „begraben".

Einige von euch verbinden mit der dritten Dimension ein schreckliches Gefühl der Beschränkung. Die Langsamkeit der Manifestation in der physischen Existenz verstimmt und frustriert. Die sequentielle Zeit hat die Tendenz, euch aus dem Fokus des Ewigen Jetzt herauszuwerfen, und scheint Begrenzungen hervorzubringen, die eure Ziele beeinträchtigen oder vereiteln.

Oft gibt es auch einen Mitschöpfer-/Gruppenaspekt, der mit dem Gefühl der Überlastung einhergeht. Wenn du an Kopfschmerzen oder Unwohlsein im Solar Plexus leidest, liegt das oft an dem Glaubenssatz, daß du alles alleine machen mußt, weil deine Familie, dein Chef, deine Gruppe oder der Schöpfer das von dir erwarten. Du hast die volle Verantwortung dafür, daß alles richtig läuft. Du mußt jede Bitte mit „ja" beantworten, oder du vernachlässigst deine Pflichten. Die Ursache dafür liegt oft in einem oder mehreren früheren Leben in einem Kloster oder Ashram, wo du dich verpflichtet hattest, jederzeit allen Menschen zu helfen, und es nicht erlaubt war, irgend jemanden abzuweisen.

Überlastung ist häufig mit sehr viel Streß und der Anstrengung verbunden, diesen Streß zu überwinden. Das wiederum führt zu Ängsten, die sich im Solar Plexus oder im Verdauungs- und Ausscheidungsbereich manifestieren.

Dieses Thema berührt auch deine Willensfreiheit: Es entsteht ein Gefühl, daß du keine Wahl, sondern immer „ja" zu sagen hast und damit in eine Aktivität gedrängt wirst, die du gar nicht willst. Das führt manchmal zu Traumata im Bereich des Kehlkopfes: zu Kehlkopfentzündung, Halsschmerzen, Husten usw.

Das Ganze kann schließlich auch zu Schuld- und Minderwertigkeitsgefühlen führen, denn kein Mensch kann alles alleine schaffen, so sehr er sich auch abrackert.

Mancher sucht einen Ausweg in einem Vermeidungsverhalten, um dieser überwältigenden Verantwortung zu entrinnen; mit Schlaf- und Drogensucht oder Weglaufen von zu Hause rebelliert der Emotionalkörper oft gegen diesen Druck der Überlastung. Er hat das Gefühl, daß seine Bedürfnisse nicht erfüllt werden, und dadurch entstehen viele Widerstände, die verhindern, die Zeit sinnvoll zu nutzen. Du erkennst vielleicht, daß du bei richtiger Einteilung all deine Aufgaben in der dir zur Verfügung stehenden Zeit erledigen könntest, aber du bist gelähmt durch den ständigen Anspruch der Erfordernisse, die niemals zu enden scheinen.

Deine Wahrnehmung, überlastet zu sein, wird durch das Gefühl erzeugt, daß der Schöpfer dir eine bestimmte Mission anvertraut hat, die du ganz alleine ausführen mußt und um keinen Preis delegieren darfst, da sie ein anderer niemals gut genug ausführen wird. Es mögen auch deine Chefs oder die ganze Menschheit sein, die dir diese Aufgabe gestellt haben, der du nicht entfliehen kannst; sie haben dich fest im Griff!

Um dieses Thema aufzulösen, mußt du dich dem kosmischen Plan ergeben, und dem steht oft die Unschlüssigkeit und Angst vor dieser Hingabe entgegen. Denk immer daran, daß du nur einen Teil des kosmischen Plans auszuführen hast, du bist nicht für das Ganze zuständig.

In vielen Fällen glaubst du dich von einem oder zweien deiner Körper (mental, physisch, emotional oder spirituell) nicht ausreichend unterstützt. Das Gefühl, überlastet zu sein, zeigt in der Regel an, daß es zwischen den vier Körpern in dem Bereich, um den es gerade geht, keine Übereinstimmung gibt. Ein oder zwei der Körper rebellieren, meist der Emotionalkörper, manchmal aber auch der physische oder Mentalkörper.

Schau dir an, wo die Überlastung anfängt. Geschieht es, wenn jemand deine Zeit verplant? Das deutet auf eine Programmierung im Bereich der Freiheit. Vielleicht überfordert es dich, wenn du mit vielen Menschen oder der Menschheit insgesamt umgehen mußt. Dann mag es der Bereich der Kommunikation sein, der blockiert.

Du bist vielleicht nicht offen für Unterstützung auf der Gruppen-/Mitschöpferebene. Manchmal scheint es nie genug Zeit zu geben, du bekommst einfach nicht alles auf die Reihe und erkennst nicht, daß du deine eigene Zeit erschaffst. Es sieht so aus, als seiest du in der dritten Dimension steckengeblieben oder festgefahren. Aber du kannst einen Fluß erschaffen, der nicht durch die Zeit begrenzt ist. Dann wird sich die Zeit dir fügen, statt daß du dich der Zeit anpassen mußt.

Manchmal gibt es auch das Gefühl, in der dritten Dimension begraben zu sein. Du scheinst auf der Erde eingekerkert, steckengeblieben im Schlamm der Erde. Du glaubst, daß die Erde nicht so spirituell sein kann, wie du es bist oder sein möchtest. „Jede Verbindung, die ich mit der Erde eingehe, wird mich hier festsetzen"; so vermeidest du jeden Kontakt mit der Erde und ihren Ebenen. Dies rührt oft aus vergangenen Leben, in denen du lebendig begraben, in Höhlen gefangen oder eingeschlossen wurdest usw. Denk daran, daß die physische Ebene einschließlich der Erde genauso spirituell ist wie alles andere. Sie ist aus der gleichen göttlichen Substanz gemacht. Sie arbeitet auf einer niedrigeren Frequenz und in einer größeren Dichte, aber sie ist dadurch nicht weniger ein Teil des Schöpfers. Es ist ein Privileg, in dieser Dichte Erfahrungen sammeln zu dürfen, und es ist ein Segen für deine Entwicklung, denn es erlaubt dir zu sehen, wo du stehst. Es spiegelt dir, was du bist. Auf den höheren Ebenen ist es schwieriger, dich so zu sehen, wie du bist, welche Glaubenssätze du hast und was du wirklich schaffst. Wenn du einmal auf diesen höheren Ebenen bist, geht deine Entwicklung nur noch sehr langsam voran, und so ist es zweckmäßig, soviel Fortschritte wie möglich in der dritten Dimension zu machen.

Viele haben sich entschieden, nicht mehr in die dritte Dimension zu gehen, und einige haben sich niemals auf sie eingelassen. Sie sind in der vierten Dimension geblieben und haben sich sehr, sehr langsam entwickelt, obwohl sie viel weniger Programmierungen hatten als ihr hier auf der Erde. Dies ist jetzt eure Chance. Während die Menschheit von der dritten in die vierte Dimension überwechselt, läßt sie dabei keineswegs die Fähigkeit zurück, dreidimensional zu sehen und zu spiegeln. Euch steht schließlich das Beste beider Welten zur Verfügung, wenn ihr in das Neue Zeitalter eintretet, und ich hoffe, daß ihr das voll nutzt.

Kapitel 6

DAS SCHAUDERSYNDROM

Das mag für dich ein ungewöhnlicher Titel sein. Ich benutze dieses Wort, um den Prozeß der Anpassung zu erklären, der abläuft, wenn du von einer Ebene zur anderen gehst. Ich möchte dich zu diesem Problem auch auf das Kapitel „Überbrückungsprozesse" (Kapitel 4) verweisen. Wenn du in deiner Lebensperspektive wächst und dich weiter entwickelst, hast du vielleicht schon gesehen, daß deine Aufmerksamkeit gleichzeitig vielen Verständnisebenen gilt. Das bedeutet zum Beispiel, daß du in der Schule in der 6. Klasse einige Dinge wiederholst, die du in der 4. noch nicht vollständig verstanden hattest. Natürlich lernst du auch alles, was zum Lehrplan der 6. Klasse gehört, aber vielleicht hast du dich auch schon intensiv mit dem Stoff der 7. Klasse auseinandergesetzt, und ein wenig mit dem der 8. und 9.; du liest über die Themen der 10. Klasse, und ab und zu begegnest du sogar einer Frage, die erst in der 11. oder 12. Klasse gestellt wird.

Du schickst immer schon Energie in mehrere der Ebenen, die du in den nächsten zwei bis vier Jahren deiner Evolution erfahren und in die du hineinwachsen wirst. Du wiederholst auch immer wieder die Punkte, die du noch nicht ganz verstanden hast. Du kennst diese Punkte alle sehr genau. Etwas in deinem Leben kommt an die Oberfläche, und wenn du es mehr und mehr verstehst und wieder ein altes Muster entdeckt hast, wirst du vielleicht sagen: „Ich dachte, das hatte ich längst aufgelöst, und nun ist es wieder da." Das ist dann ein Wiederholungsprozeß, etwas, was wie auf einer Spirale wieder zu dir kommt, damit du sehen kannst, ob du ein Problem wirklich verstanden und abgeschlossen hast. Wenn das der Fall ist, kannst du es dir objektiv ohne Verhaftung und Abneigung ansehen und dir sagen: „Gut, das habe ich nun wirklich verstanden." Wenn aber noch nicht alles integriert oder verstanden ist oder du noch emotionale Verhaftungen hast, die dich daran hindern, die Situation so anzunehmen, wie sie ist, dann bekommst du erneut Gelegenheit, diese Lernerfahrung in deinem Leben zu vollenden.

Daneben gibt es auch immer wieder neue Themen, die in dein Leben treten, um integriert und verstanden zu werden, und in diesen Bereichen tritt etwas auf, was ich das „Schaudersyndrom" nennen möchte. Ich habe diesen Namen gewählt, weil viele von euch schaudern, wenn sie mit etwas Neuem in Berührung kommen; ich merke das an ihrer Schwingungsebene. Hast du dich jemals versuchsweise nach etwas ausgestreckt, nicht ganz sicher, wie es sich anfühlen wird, und dich dann ganz schnell wieder zurückgezogen, sowie du es berührt hast? Während des Zurückziehens hast du gesagt: „Ich möchte es aber doch anfassen." Darum hast du dich diesem Etwas vielleicht mehrere Male genähert und versucht, es zu berühren, dich jedoch jedesmal wieder davon zurückgezogen. Endlich hast du es mit großer Anstrengung doch geschafft, und siehe da, es war gar nicht so schlimm! Tatsächlich war es ein guter Kontakt, und du konntest ihn viel leichter annehmen, als du dir vorgestellt hattest. Dieses Vor- und Zurückbewegen in eine neue Öffnung deines Bewußtseins ist ein schwingungsmäßiges Schaudern. Es gleicht einem Tanz, aber einem mit unsicheren Füßen. Während des Zögerns bestehen Zweifel über die Richtung, die die Verbindung nehmen soll.

Solange der Kontakt nicht abgesichert ist und du um ihn herumtanzt, ohne eine eindeutige Richtung einzuschlagen, gerätst du, wen wundert's, in Verwirrung. „Ich weiß nicht, wohin ich gehe.

Mir ist schleierhaft, wo ich mich befinde und was eigentlich vor sich geht." Du weißt, daß sich irgendwo eine Tür öffnet, du kannst es fühlen. Aber du weißt nicht, wie du diese Öffnung voll nutzen kannst, und so entsteht dieses Vor- und Zurückschaudern.

Ein anderer Grund für den Ausdruck „Schaudern" liegt darin, daß der Emotionalkörper oft einige Ängste und Zweifel hat oder das Gefühl, überwältigt zu werden, wenn du dich nach einer neuen Möglichkeit ausstreckst. Tatsächlich mag es keine Gelegenheit sein, die du intensiv nutzen möchtest, aber du mußt sie erst ergreifen und erkennen, was in ihr steckt, um entscheiden zu können, in welchem Maß und Rahmen du diesen neuen Bereich einsetzen möchtest. Du magst hin- und herlaufen, um diesen Kontakt einzugehen, weil du nicht weißt, wo er eigentlich ist. Es kann auch sein, daß du einen Kontakt hergestellt hast und nicht erkennst, daß du damit eine neue Möglichkeit energetisiert hast, eine neue Perspektive, die sich dir öffnen möchte.

Laßt uns als Beispiel Fülle und Reichtum verwenden. Viele von euch arbeiten daran, größeren Reichtum in ihr Leben zu bringen. Manchmal gibt es Gelegenheiten, bei denen du mit jemandem in Berührung kommst, der Mittel und Wege kennt, einen reichlicheren Fluß in Gang zu bringen und zu unterhalten. Du verstehst vielleicht nicht ganz, wie man das macht, oder du hast deine natürlichen Fähigkeiten in diesem Punkt blockiert, und so kommt das Universum zu dir und sagt: „Da du ein Mitschöpfer bist, schicke ich dir eine Gelegenheit, bei der du mit jemand anderem, der dieses Thema besser versteht, ‚mitschöpfen' kannst, um größere Fülle in dein Leben zu bringen." Laß uns annehmen, daß Gruppenprogrammierungen oder Widerstände in Bezug auf die Mitschöpferebene in dir stecken. Vielleicht denkst du noch, daß es wichtig für dich ist, deine Evolution ganz alleine zu vollziehen, oder es gibt ein anderes ungeklärtes Thema, das diese Gelegenheit entwertet. Jemand kommt zu dir und sagt: „Warum machen wir das nicht gemeinsam?", und vielleicht erkennst du nicht, daß das Universum an deine Tür klopft und sagt: „Ich weiß, daß du reicher werden möchtest. Ich habe mich umgesehen, und hier ist eine Möglichkeit, wie du es verwirklichen kannst. Verbinde dich mit dieser klareren Perspektive des Überflusses, und du wirst mit ihr fließen." Kannst du das annehmen? Oder bist du unfähig, Partnerschaften und Gruppen anzuerkennen oder dich in die Menschheit einzufügen, so daß es dir schwerfällt oder du keine Lust verspürst, dich der Mitschöpferebene anzuschließen? Da hast du das Schaudersyndrom.

Jeder möchte am liebsten seine Unbegrenztheit annehmen, aber wie viele bringen es über sich, sie von anderen zu empfangen? Das ist kein passives Zulassen, es ist aktive Teilnahme, bei der du dich dem Prozeß ergibst und eine Gelegenheit oder eine Öffnung, die durch diese Hingabe entsteht, ergreifst und nutzt. Verallgemeinernd kann man sagen: alle deine Beziehungen haben diese Funktion, nicht nur die menschlichen Beziehungen, sondern auch die zur Hierarchie, zu spirituellen Lehrern und — ganz wesentlich — zur Quelle und jenem Teil des göttlichen Quellenplans, der den gerade aktivierten Bereich beeinflußt.

Ich versuche immer wieder, dich beim Klären deines Emotionalkörpers zu unterstützen, denn ich, Vyvamus, fühle, daß eine klare emotionale Perspektive ein ganz vitaler Teil deiner Transformation ist. Es ist für dich wichig zu verstehen, daß du dich mit deinem Emotionalkörper nicht an deiner aktuellen Perspektive festklammern darfst, damit du andere Mitschöpfer nicht daran hinderst, dich mit ihrer klareren Perspektive zu unterstützen.

Laß uns den Schaudereffekt konzeptionell angehen. Wenn du die Quelle als einen Kreis betrachtest, dann gibt es in diesem Kreise unbegrenzt viele Lichtpunkte, von denen jeder einzelne mit seiner ihm eigenen Schwingungsrate, jedoch nicht unvereinbar mit der Gesamtschwingung des Kreises, blinkt und funkelt. Andererseits sind sie noch nicht so fein abgestimmt, wie es möglich wäre. Jeder einzelne Lichtpunkt besitzt eine einzigartige Perspektive, die zum Gesamten beiträgt. Jeder repräsentiert einen der unseren in seinem Individualisationsprozeß.

Dieses Bild stellt die Mitschöpferebene dar. Jeder Lichtpunkt versucht, seine Schwingung auf den Rhythmus des Ganzen abzustimmen. Wenn ihr euch diesen Kreis lange genug mit eurem Dritten Auge anseht, werdet ihr darin den Schaudereffekt entdecken können. Die Bewegungen einer einzelnen individuellen Perspektive sind noch nicht restlos auf den göttlichen Prozeß abgestimmt. Sie hat in ihrem göttlichen Zustand natürlich das Potential, wie der gesamte Plan bzw. der Gesamtkreis im vollkommenen Gleichgewicht zu sein, aber sie steckt noch im Stadium eines Baby-Mitschöpfers. Jeder Lichtpunkt zeigt mit seiner Schwingung an, wie weit er sich zu diesem Zeitpunkt auf das Ganze eingestimmt hat.

Es ist wunderbar, einen Lichtpunkt innerhalb des Ganzen zu beobachten, der sich vollständig auf den Gesamtplan eingestimmt und seine Identität als Mitschöpfer voll angenommen hat. Es sieht zuerst wie eine Sonne aus, die eine Nova geworden ist. Die ungeheure Ausdehnung seines Potentials verbindet diesen Lichtpunkt und sein Verständnis buchstäblich mit allen anderen Lichtfunken im großen Kreis. Er wird vollständig integriert. Jedes andere Pünktchen empfängt von diesem weit ausgedehnten Punkt mehr Licht, mehr Gleichgewicht, mehr Verstehen, mehr Liebe, mehr Dankbarkeit, und natürlich unterstützt er jeden anderen Punkt darin, zu seinem eigenen Gleichgewicht zu finden. Könnt ihr sehen, daß wir bei jedem einzelnen Mitschöpfer an seiner Schwingung erkennen können, wie gut er sich eingestimmt oder ins Gleichgewicht gebracht hat? Warum teile ich euch das mit? Ihr entwickelt alle die Fähigkeit des Hellsehens oder versucht es doch zumindest. Dabei möchtet ihr vielleicht den Individualisationsprozeß und seine Schwingungsrate visuell erfassen und wundert euch, warum ihr plötzlich nur ein Flackern seht. Der Grund liegt in den neuen Möglichkeiten, die einem Lichtpunkt an dieser Stelle gerade eröffnet werden; bei dem Versuch, sie anzunehmen, bewegt er sich immer wieder auf sie zu und von ihnen weg.

Ich habe dieses Kapitel in das Buch aufgenommen, um dir zu zeigen, daß *dein Emotionalkörper mit seinen Lernerfahrungen der absolute Schlüssel für jeden von euch ist.* Wenn dein Emotionalkörper einer Öffnung vertraut und durch sie hindurchgeht, kann durch diese Verbindung eine klarere Perspektive entstehen, und damit hört das Schaudern auf. *Dein Emotionalkörper muß zuerst die neue Chance annehmen.* Ohne seine Akzeptanz entsteht in der Regel zu viel Widerstand, um die Möglichkeiten voll zu nutzen. Du magst hinein- und wieder heraustanzen, aber du brauchst den Beistand deines Emotionalkörpers, um diese Gelegenheit umfassend nutzen oder eine ausgewogene und klare Entscheidung treffen zu können, ob du diese Möglichkeit wahrnehmen willst oder nicht. Denn eins ist natürlich klar: Wenn jemand an deine Tür klopft, um dir etwas zu verkaufen, hast du die Wahl, dieses Angebot anzunehmen oder nicht. Aber zuerst muß der Kontakt klar genug sein, damit du entscheiden kannst, ob du das, was dir das Universum vor deine Tür gelegt hat, versuchen möchtest.

Kapitel 7

UNTERSTÜTZUNG DURCH DIE SEELE

Deine Seele stellt dir bei allen deinen Aktivitäten ihre Unterstützung zur Verfügung. Manchmal fühlst oder bemerkst du nicht, daß du eine Seele hast, die sich um dich kümmert. Aber in Wahrheit ist sie der Aspekt des Selbst, der mit der spirituellen Ebene bzw. dem Göttlichen verbunden ist und der immer wieder versucht, an deine Persönlichkeit heranzukommen, um dich in deiner Evolution zu leiten. Die Seele ist unendlich geduldig und immerfort bemüht, eine Verbindung mit dir herzustellen.

Was steht dem im Wege?

1. Der Glaube, daß es eine Seele bzw. ihre Führung nicht gibt.

2. Das Gefühl, dieser Unterstützung nicht wert zu sein.

3. Der Zweifel an der Fähigkeit der Seele, auf die physische Ebene einwirken zu können.

4. Die Konzentration auf die Egopersönlichkeitsebene und die Weigerung, sich am göttlichen Willen auszurichten.

5. Das Beharren auf dem „Bequemlichkeitsfaktor" und den eigenen Bedürfnissen und Wünschen in der dreidimensionalen Existenz (als logische Folge aus Punkt 4).

Die Seele unterstützt dich immer. Du kannst über dein Herz Kontakt zu ihr aufnehmen und dich mit ihr verbinden. Das ist nicht der einzige, aber ein guter Weg. *Gib dich in deinem Herzen dem göttlichen Willen hin.* Das habe ich wiederholt in verschiedenen Kapiteln dieses Buches betont. Es wird dich deiner Seele näher bringen, die dich auch mit deinen höheren spirituellen Ebenen verbinden kann.

Meditation ist eine andere Art, mit der Seele in Kontakt zu treten. Dadurch kannst du eigentlich immer eine Seelenverbindung herstellen. Es gibt viele Arten der Meditation:

1. Die Gedanken beruhigen und anhalten.

2. Sich auf eine Kerze oder ein anderes Objekt konzentrieren.

3. Sich auf den Schöpfer oder das Licht konzentrieren.

4. Sich durch Visualisierungstechniken führen lassen.

5. Einen Klang oder ein Mantra benutzen.

6. Sich auf die Seele konzentrieren und sie channeln. Um einen Kontakt mit dem göttlichen Aspekt des Selbst bitten.

7. Bei wissenschaftlichen Neigungen kannst du dich in einen Alpha-Zustand versetzen, in dem deine Gehirnwellen etwa achtmal pro Sekunde schwingen. Du erreichst das über Biofeedback oder entsprechende Kassetten, aber auch ohne Hilfsmittel durch die eigene Erfahrung dieses Zustandes.

8. Du kannst eine Technik benutzen, die dich instand setzt, den Gedankenstrom in deinem Gehirn vorbeirauschen zu sehen. Wenn du anfängst, einen einzelnen Gedanken an dich zu ziehen und über ihn nachzudenken, schick ihn zurück und erlaube dem Strom weiterzufließen. Halte keinen deiner Gedanken fest.

Wann bist du sicher, daß du von deiner Seele unterstützt wirst? Wenn alles leicht und gut gelingt, wenn alle deine voraussehbaren Bedürfnisse erfüllt werden, wenn dir Blockaden, Verzögerungen, Unterbrechungen oder Widerstände des Körpers, der Gefühle oder des physischen Universums erspart bleiben. Wenn also deine Mission im Plan sichtlich gedeiht, dann erlaubst du deiner Seele, vollkommen durch dich zu wirken und dir ein Gefühl von Sicherheit und Selbstwert zu vermitteln.

Die Seele ist der Aspekt des Selbst, auf den du dich verlassen kannst, wenn du Hilfe für die anderen drei Körper des Vier-Körper-Systems benötigst. Sie ist besonders heilsam bei Konflikten zwischen Mental- und Emotionalkörper, etwa wenn dein rational denkender Kopf diktiert und dein Emotionalkörper sich dagegen auflehnt. Dann mußt du deine Aufmerksamkeit von den beiden Körpern abziehen und dich auf die Seele konzentrieren, die Einsicht und größeren Überblick in die Auseinandersetzung einbringt. Es gibt immer etwas Gemeinsames, das die Seele vorschlagen kann, um den Konflikt zu lösen. Ihr könnt das mit der männlichen und weiblichen Polarität, wenn sie sich nicht einig werden können, genau so halten. Die Seele hilft durch ihre bedingungslose Liebe über das Herzchakra, mit dem sie unmittelbar verbunden ist. Sie kann das Herzchakra leicht stimulieren und umgekehrt das Herzchakra die Seele.

Wenn du also die Herzqualitäten einsetzt, die durch die Seele angeregt werden, wird dir das helfen, die Auseinandersetzung beizulegen und deinen Zustand auszugleichen. Viele von euch haben die Erfahrung der Seelenvereinigung gemacht und wissen, daß es diese Verbindung gibt. Benutze sie, so oft du kannst. Es ist tatsächlich die gleiche Verbindung, der du dich beim Channeln bedienst. Es ist eine Einstimmung auf die spirituelle Ebene, die dir ermöglicht, mit deiner Seele, den spirituellen Lehrern oder dem Engelreich Kontakt aufzunehmen.

Mache die Einstimmung zu deiner täglichen Routine. Denk daran, daß alle deine vier Körper die gleiche Chance bekommen sollten. Viele wenden an den spirituellen Körper oder die Seele im Gegensatz zu den anderen Körpern nur einen unbedeutenden Teil ihrer Zeit. Liebe sie alle, erfreue dich an ihnen. Das ist der Sinn und Zweck der Lebenserfahrung auf der physischen Ebene. Es schließt den Spiegeleffekt mit ein, den du auf der Erde benutzen kannst; deswegen bist du hierhergekommen. Es ist der Film, den du „Das ist mein Leben" nanntest; erinnere dich, daß du ihn drehen und nach deiner Regie gestalten wolltest. Am besten geeignet für den Job des Regisseurs aber ist die Seele. Glaub mir, wenn ich sage, daß die Seele über alle Qualifikationen dieser Position verfügt: Sie kann die anderen Körper auf die günstigste, befriedigendste und produktivste Art und Weise ganz nach Wunsch in ihre Ziele spannen.

Kapitel 8

VIELSCHICHTIGKEIT DES SELBST

Du weißt vielleicht, daß du ein Wesen auf vielen Ebenen und mit vielen Aspekten bist. Vielleicht gibt es aber noch mehr Ebenen und Aspekte, als du dir jetzt vorzustellen vermagst; sie alle wollen an diesem Punkt deiner Entwicklung von dir erkannt und integriert werden. Dies ist ein außerordentlich wichtiger Zeitpunkt der Evolution: für dich persönlich, für die Erde und — meiner Ansicht nach — auch für die gesamte Quelle, von der wir ein Teil sind. Es ist mit Sicherheit eine aufregende Zeit, in der die Kommunikation von Mensch zu Mensch und zwischen den verschiedenen Aspekten des Selbst sehr wichtig ist, um eine Verbindung herzustellen und zu erhalten.

Das Selbst ist jener Teil der Quelle und des ihr angeschlossenen Kontaktsystems, der eine Manifestation der sogenannten Gottheit ist, jenes Wesens, das sich stets strahlenförmig ausdehnt und sich selbst ergründet. Diese Ausdehnung geschieht durch die Explosion einzelner Punkte, die ein wachsendes Bewußtsein über ihre eigene Wirklichkeit und Wahrheit entwickeln.

Ich möchte diese Darstellung, obwohl sie an und für sich kein „irdisches Thema" ist, auf die Erde anwenden, um dir zu erklären, wie sich derselbe Vorgang hier abspielt. Jeder von euch erforscht zur Zeit die physischen, emotionalen, mentalen und spirituellen Perspektiven, um sie kennenzulernen und mit ihnen auf eine Art zu kommunizieren, die eine klare Denkweise, Entschlossenheit und die Annahme der Bestimmung erlaubt, die dich zur Erde wies.

Nun habe ich immer wieder betont, daß eure Seele nicht nur einem einzigen Ziele dient, sondern einer ganzen Reihe von ihnen; sie richtet ihren Fokus auf bestimmte sich weiterentwickelnde Ziele, bei denen sich jeder weitere Punkt aus dem vorherigen ergibt. Wenn du also gerade dabei bist, eine Ziellinie zu überschreiten, wächst in dir gleich eine Ahnung vom nächsten Etappenziel, das nun anzusteuern ist, damit dein Leben im Fluß bleibt.

Du besitzt auf der Seelenebene etwas, das ich ein göttliches Muster oder eine Blaupause nenne. Man kann sie als Energie, aber auch als Ziel definieren. Man kann sie auch als den idealen Weg bezeichnen, der alle deine vielfältigen Perspektiven und Ebenen zusammenfassen kann. Es existiert natürlich nicht nur ein einziger Idealweg, obwohl es möglicherweise, energetisch gesehen, einen klarsten Weg durchaus gibt. Du kannst dieses Ziel also auf vielfältige Art erreichen. So entsteht eine Reise, auf der du das Ideal erforschst und es umkreist, bis du es schließlich annehmen kannst.

Nehmen wir an, daß du schon immer ein Haus bauen wolltest. Du weißt bereits als kleiner Junge, daß du ein Haus besitzen wirst. Du würdest es Stein um Stein und Brett für Brett errichten, ganz aus eigener Kraft. Mit diesem Gedanken im Hinterkopf wächst du auf und erlernst all die Fähigkeiten, die zur Ausführung deines Wunsches nötig sind. Es geht alles sehr einfach, und du denkst, es werde dir gewiß leicht fallen, dieses Haus zu bauen.

Du fertigst dann verschiedene Blaupausen für dein Haus an und suchst die endgültige Version zu entwickeln; doch dann stellst du fest: „Das ist immer noch nicht ganz das richtige!" Und so zeichnest du eine neue Skizze mit neuen Veränderungen, aber irgendwie kommt nie genau das heraus, was du im Kopfe hast. Nimm an, daß du dann heiratest. Deine Frau ist Feuer und Flamme, dir beim Hausbau zu helfen. Sie besitzt einzigartige Fähigkeiten, die sie in das Projekt einbringt. Sie weiß genau, wie der Plan, mit dem du nicht ganz zufrieden bist, geändert werden muß, so daß schließlich etwas entstehen kann, was mit deinem Ideal übereinstimmt.

Schließlich seid ihr beide zufrieden mit eurem Plan. Es scheint genau die Struktur zu sein, in der ihr leben wollt. Und so fangt ihr an, ihn zu verwirklichen. Gemeinsam sucht und findet ihr ein Stück Land, das genau richtig ist. Es bildet die Grundlage, auf der ihr euer Ideal errichten bzw. seine Manifestation auf der Erde zulassen könnt. Es läuft alles gut. Ihr baut das Haus, und jeder Schritt bereitet euch Freude. Manchmal dauert es vielleicht etwas länger als vorgesehen, manchmal müßt ihr einige kleine Dinge ändern, aber schließlich habt ihr es geschafft. Deine Frau hat dazu beigetragen, es zu bauen und einzurichten, so daß es wirklich eine gemeinsame Sache geworden ist. Und jetzt ist euer Haus fertiggestellt, eingerichtet und genauso, wie ihr es euch gewünscht habt. Und so zieht ihr in das Haus ein.

In diesem Moment kommt ihr mit den Glaubenssätzen in Berührung, die davon handeln, was geschieht, wenn ihr einen Teil eurer Blaupause auf der Erde manifestiert habt. Was nun? Was werdet ihr anfangen, wenn das Haus bezogen ist? Ihr mögt die Fertigstellung wie einen Verlust empfinden. Ihr seid mit dem Hausbau derart beschäftigt gewesen, daß euch ganz entgangen ist, daß das Haus nur eine Etappe auf dem Weg zu einem größeren Ziel war, das jetzt auf euch wartet.

Ein solches Ziel mag sein, daß ihr Kinder bekommt, die mit euch im Hause leben. Damit würde eure Kreativität innerhalb des Hauses wachsen. Und da das Haus eurem Ideal entspricht, bietet es euch einen Ort der Geborgenheit, des Friedens und der Ruhe. Auf der Grundlage dieser ausgewogenen Perspektive könnt ihr weitere Ziele mit größerer Sicherheit ansteuern, denn ihr seid mit eurer kreativen Basis verbunden.

Inzwischen hast du sicher erkannt, daß ich mit dem Bilde eines physischen Hauses die schöpferische Grundlage beschrieben habe, die von der weiblichen und männlichen Polarität gemeinsam erschaffen wird und an der deine Kreativität weiter wachsen kann, wenn sie sich reif genug fühlt. Dann wird sich deine Bestimmung manifestieren. Halte dir vor Augen, daß dies wirklich ein Geburtsakt ist, ein Geburtsfokus, der als Grundlage für alles weitere dienen kann. Und für viele ist das die Geburt des Christus in sich. Einige Religionen bezeichnen es als zweite Geburt. Andere glauben, daß du eine Brücke zur Seele geschlagen hast, indem du eine Grundlage für die Bestimmung der Seele auf der Erde erschufst. Es muß sich also eine Basis des Verstehens manifestieren, die deinem Selbst entspringt. Du mußt sie Stück um Stück von Verbindung zu Verbindung selbst erschaffen haben.

Ich möchte dich an dieser Stelle auf das Kapitel „Erdverbindung" (Kapitel 10) verweisen. Dort wird erklärt, wie du alle Aspekte Stein um Stein und Brett für Brett, Nagel um Nagel und Punkt für Punkt aufbauen und miteinander verschmelzen kannst. Damit schaffst du ein Verbindungssystem innerhalb deines Erdfokus bzw. deiner Erdperspektive, das die ideale Blaupause deiner Seele auf der Erde repräsentiert.

Anders ausgedrückt: Es geht darum, daß du an dem Punkt, an dem die göttliche Blaupause für dich bereitsteht, mit der Seele einen Kontakt zuläßt und das göttliche Muster für dich annimmst. Dies ist ein Prozeß, der sich dir Ebene für Ebene erschließt. Es kommt der wichtige Augenblick, wo dieser Kontakt so stark wird, daß man von der Seelenvereinigung spricht. Dann ist so viel von deiner Seelenenergie in dir vorhanden, daß sie die Persönlichkeit überstrahlt und diese anfängt, die Führung der Seele anzuerkennen.

Dieser mehrschichtige Zugang zu deiner Existenz auf der physischen Ebene fängt an, andere Aspekte deines Selbst anzuziehen. Bei vielen von euch auf der Erde geschieht gerade folgendes: Eure Seelenverbindung ist so stark, daß andere Aspekte oder Einheiten eurer Seelenheit sich auf diese vorhandene Erdverbindung konzentieren bzw. sich mit ihr vereinigen. Es ist, als ob man einen Kanal geöffnet hat, der die Energien der Seele zur Erde leitet und der weit genug ist, um größere Seelenenergie zu übermitteln als bisher. Ihr verbindet andere Ebenen des Selbst mit dem Prozeß auf der Erde.

Noch anders ausgedrückt: Wir könnten die galaktische Ebene als den Kern des Wachstums und der Entfaltung eurer Seele ansehen. Der galaktische Kern ist die spezifische Ebene, wo eure Seele ihr Hauptquartier hat. Die Ebene darüber nennen wir die kosmische Ebene. Sie ist wirklich mehr monadischer Natur oder zumindest der Anfang eines Bereichs, in dem die Monade ihren Ausdruck findet. Die Aspekte eurer Seele sammeln sich also im galaktischen Kern.

An anderer Stelle habe ich über die Tatsache gesprochen, daß die Erde jetzt für die Kommunikation mit der galaktischen Ebene offen ist. Sie hat dorthin den Kontakt hergestellt. Ich verweise dich auf das Kapitel „Galaktische Kontakte" (Kapitel 32). An dieser Stelle möchte ich nur sagen, daß ihr mindestens zwölf Seelen habt. Wenn man anders einteilt, könnte man sogar von vierundzwanzig Seelen sprechen. Damit haben wir eine mehrschichtige, aus mehreren Seelenaspekten bestehende Perspektive, deren Einzelteile sich im galaktischen Kern sammeln und vereinigen. Da du als Seele auf der Erde weilst und die Erde offener für eine Kommunikation mit der galaktischen Ebene ist, bist auch du dafür offener. Du vereinigst dich jetzt mit den Aspekten deiner Seele, die noch nicht Teil deiner Erderfahrung waren, mit denen du aber den Kontakt auf der galaktischen Ebene herstellen konntest. Die Energie solcher Aspekte beginnt real durch den Fokus der Seele, die euer Leben auf der Erde bisher gelegt hat, zu fließen. Das schlägt sich in einer elektrischen Stimulierung nieder, die die meisten von euch fühlen. Sie kommt durch euren planetaren Logos Sanat Kumara und wird durch deine Seelenperspektive noch einmal gefiltert.

Die vielschichtige Seele ist jetzt in der Lage, andere Aspekte anzuziehen, die bereits höherentwickelt sind und sich in bestimmten Dimensionen oder Seinsbereichen ausdrücken. Du bist es gewohnt, dich in der dritten Dimension auszudrücken, denn dort bist du zur Zeit verankert. Aber es gibt andere Aspekte von dir, die auf die vierte, fünfte und sechste Dimension konzentriert sind und die mit deiner Perspektive der dritten Dimension korrespondieren. Das ist für viele von euch sehr verwirrend. In einem anderen Buch über die verschiedenen Dimensionen habe ich versucht, euch diese Dinge näherzubringen.

Der Faktor, der alle diese Aspekte zusammenfaßt, ist die galaktische Verbindung, die göttliche Blaupause, die dein spezifischer Seelenaspekt jetzt in die physische Existenz spiegelt. Die göttliche Blaupause, die du auf der Erde zu verwirklichen suchst, ist eine Widerspiegelung dieses umfassenderen Gesichtspunkts des galaktischen Kerns. Seit und wegen der Harmonischen Konvergenz (15./16. August 1987) wird das, was der galaktische Kern repräsentiert, diese umfassende, vielschichtige Perspektive, die du repräsentierst, zur Erde gezogen, und umgekehrt wird das zum galaktischen Kern transportiert, was du hier auf der Erde gelernt hast. Es gibt für viele von euch einen reziproken Austausch mit dem galaktischen Kern. Er hat euer Leben intensiviert. Es gibt eine viel stärkere Führung durch die Seele. Dieser Prozeß wurde seit dem 15. April 1989 noch verstärkt, und es wird noch weitere Punkte in der Evolution der Erde geben, die ähnliches bewirken werden. Jedesmal, wenn die Erde sich einer klareren Perspektive über sich selbst öffnet, profitierst du davon und gehst in deiner evolutionären Entwicklung einen Schritt nach vorn. Dadurch erhältst du die Möglichkeit, noch direkter mit dem galaktischen Kern in Verbindung treten zu können.

Wir haben also eine physische Erdperspektive, die in vielen eurer Erdinkarnationen von der Persönlichkeitsebene gelenkt wurde, und eine Seelenperspektive, die du gerade zu integrieren versuchst, damit sie die Persönlichkeitsebene leiten kann. Weiter haben wir den galaktischen Kern, das Hauptquartier einer umfassenderen und vielschichtigeren Seelenheit als die, mit der du bisher in Kontakt getreten bist. Jenseits des galaktischen Kerns haben wir das universale Führungssystem, das, mein Freund, auch noch Teil dessen ist, was die physische Ebene lenkt und leitet.

Wenn wir zur universalen Ebene gehen, haben wir gerade das Tor zum Physischen erreicht, jenseits dessen deine spirituelle Perspektive nicht mehr Teil deiner irdischen Existenz ist. In Wirklichkeit liegen neun Zehntel deines Potentials weit jenseits der physischen Existenz.

Auf einem Blatt Papier könnt ihr zehn horizontale Linien ziehen, die jeweils zwei bis drei Zentimeter Abstand haben. Die unterste Spalte entspricht der physischen Existenz. Man kann sie in vier Teile gliedern: Der erste repräsentiert die Persönlichkeit, der zweite den Teil der Seele, den du gerade erkannst hast und jetzt integrierst, der dritte die Ebene des galaktischen Kerns deiner Seelenverbindung. Das letzte Viertel nimmt die universale Ebene auf, die die gesamte Spalte lenkt und leitet.

Begreifst du, daß du bisher lediglich ein Viertel der physischen Existenz erforscht hast? Du bist jetzt gerade dabei, dich in die gesamte untere Hälfte auszudehnen, und fängst an, hin und wieder auch mal in die obere Hälfte hineinzuspähen. Aber irgendwann mußt du die untere Spalte voll ergründen, und das öffnet dir das Tor, das du durchschreiten mußt, um die anderen neun Spalten meistern zu können.

Um dir zu zeigen, wer du wirklich bist, laß uns das Ganze von oben her ansehen. Es gibt eine Lichtverbindung, einen Energiefluß von dieser Ebene bis hinab in den physischen Bereich, in dem du dich jetzt befindest. Ich könnte dir sicherlich viele Möglichkeiten aufzeigen, das Ganze zu betrachten; in dem Buch „Du hast die Wahl" habe ich ein ähnliches Konzept dargelegt, auf das ich dich verweise. Hier möchte ich nur die Vorstellung in dir wecken, daß es vielfältige Bereiche und Aspekte deines Selbst gibt, von denen du dir bis jetzt noch nicht hast träumen lassen.

Es ist wunderbar, zu wissen und sich darauf zu freuen, daß du den Punkt in deiner Evolution erreichst, wo du die anderen neun Zehntel erforschen kannst; denn dort, mein Freund, wird Evolution ganz ohne Kampf, ganz ohne Schmerz und Widerstand geschehen. Auf der untersten Ebene hast du die Zeit, dich von solchen Widerständen zu befreien; danach kannst du für den Rest der Reise frei fließen und freudig-kreativ harmonisch tanzen. Es ist wunderbar zu wissen, daß der Plan die Mittel und Wege bereitstellt, die nötig sind, um jedem zu helfen, in der physischen

Existenz alle falschen Wahrnehmungen aufzulösen und allem Kämpfen abzusagen. Zwar geht das Lernen jenseits dieser „Unterstufe" ewig weiter, doch mußt du kein mühevolles Ringen mehr befürchten. Es ist vielmehr eine Übung in kreativem Streben nach Erkenntnissen, die dich in einem freudevollen Prozeß zu jenen Höhen tragen, nach denen du dich stets gesehnt hast.

Deshalb ist die Sehnsucht nach jenem Teile deines Selbst, der nicht zu lernen braucht, wie man sich ohne Anstrengung weiterentwickelt, in den Plan mit eingeschlossen. Und, meine Freunde, ihr nähert euch sehr diesem Zustand. Zum Zeitpunkt des Aufsteigens beginnst du im letzten Viertel der Unterstufe zu erkennen, was jenseits der aufscheinenden universalen Ebene liegt. Und ich sage dir: „Freue dich darauf, in diesen universalen Ausdruck einzudringen, aber denke auch daran, daß das, was du als universal ansiehst, nur ein Zehntel dessen ist, was du erforschen wirst." Es ist nicht meine Absicht, dir die Freude zu vergällen; denn dein Etappenziel ist von großer Bedeutung für dich. Ich möchte dir lediglich zeigen, daß der Prozeß ewig weitergeht und du die wunderbare Aussicht hast, einer unbegrenzten Ausdehnung entgegenzusehen.

In dieser Existenz und zu dieser Zeit geht es darum, Widerstände fallenzulassen, welche die Integration der vielen Aspekte des Selbst vereiteln. Wenn jeder von ihnen dir seine Widerstände darbringt, kannst du mit ihnen umgehen. Das ist die Vorbedingung einer Integration.

Kapitel 9

VERMEIDUNGSPROGRAMMIERUNG

Was versuchst du zu vermeiden? Gewöhnlich ist es etwas, was dir Angst macht, bei dem du dich nicht wohl fühlst, was du verabscheust, wo du denkst, daß du ihm nicht gewachsen bist, was dich langweilt, dich in Verantwortlichkeiten stürzt oder zu Erfahrungen führt, auf die du nicht vorbereitet bist.

Vermeidungsprogrammierungen sind oft mit Süchten verbunden. Man legt sich eine suchterzeugende Gewohnheit zu, um vor etwas auszureißen oder etwas zu umgehen. Wenn ihr also herausfinden wollt, was ihr zu vermeiden trachtet, dann haltet die Zeiten und Umstände im Auge, die euch zu eurer Lieblingssucht verleiten, sei es nun zu Alkohol, Drogen, Essen, Fernsehen, Sex, Schlaf, Kino oder zu irgend etwas anderem, was ihr unkontrolliert anstellt, um euch zu entspannen oder die böse Welt aus eurem Leben auszuschließen.

Sucht ist eine Art der Vermeidung. Eine andere besteht darin, daß du dich an ein altes Muster klammerst und nichts Neues in dein Leben läßt. Damit vermeidest du Unbehagen, Verwirrung, Fehler oder mangelhafte Kommunikation, was alles auftreten könnte, wenn du dich auf ein neues Abenteuer einläßt.

Die Annahme frischer Muster, neuer Handlungs- und Verhaltensweisen stellt natürlich deine Aufmerksamkeit, deine Kommunikationsfähigkeit, deinen Einfallsreichtum, deine Kreativität und dein Gleichgewicht bis zum äußersten auf die Probe, und deshalb sind viele von euch dazu nicht bereit. Die meisten Menschen lassen zum Beispiel nur eine bestimmte Anzahl neuer Erfahrungen, die sie noch verkraften können, zu. Darum kann es sinnvoll sein, einigen langweiligen Pflichten wie Abwaschen oder Rasenmähen nachzugehen; das ist etwas Herkömmliches, das seid ihr gewöhnt, und dafür müßt ihr keine neue Verfahrensweise entwickeln. So könnt ihr vermeiden, zu jeder Tageszeit auf jeder Ebene eures Lebens vor neuen Situationen zu stehen und neue Entscheidungen treffen zu müssen.

Nur wenige können damit umgehen und sogar mit noch weit mehr; sie halten ständig nach Abenteuern Ausschau, nach Aufregungen und neuen Erfahrungen. Aber die meisten anderen ertragen nur eine bestimmte Dosis, denn ihr Unbewußtes legt ihnen stets Stolpersteine in den Weg, wenn sie versuchen, diese Grenze zu überschreiten.

Du kannst Vermeidungsprogrammierungen am besten einsetzen (und sie sind manchmal nützlich!), wenn du dich zu einem bestimmten Zeitpunkt vor einer Überlastung durch zu viele neue Erfahrungen bewahren möchtest. Du weißt genau, wann es zuviel wird und der Streß deine Kräfte übersteigt. In diesem Fall ist ein bißchen Vermeidung, ein gesundes Weglaufen in eine ruhige Umgebung oder Situation durchaus vernünftig.

Natürlich wirst du besser mit deiner Überlastung fertig, wenn du deinen Körper zurück ins Gleichgewicht bringst: Du kannst mit der Energie arbeiten, die Chakren alle offen sehen, meditieren, in den Alpha-Zustand gehen, einen Spaziergang machen oder deinen Körper auf andere

Weise bewegen, dich mit Freunden treffen. Das klappt besser als die meisten deiner Suchtmuster und hat den Vorteil, daß du später nicht dazu verurteilt bist, diese Gewohnheiten wieder loszuwerden.

Noch ein Wink: schau dir nicht nur die spezielle Handlung an, die du vermeidest, sondern ebenso die Perspektive oder das Gesamtresultat, das diese Handlung hervorbringen würde, und arbeite mit den Ängsten, die damit in Zusammenhang stehen.

Erlaube dir, mit deinem inneren Kind in Kontakt zu treten und seine Freude anzunehmen. Es kann dich über dein Herz anleiten, das zu vermeiden, was dich überlasten könnte, ohne etwas ins Spiel zu bringen, mit dem du dich später wieder auseinandersetzen oder von dem du dich mühsam trennen müßtest.

Kapitel 10

ERDVERBINDUNG

Um dieses Thema zu verstehen, ist es notwendig, den kosmischen Plan und die Rolle, die die physische Existenz darin spielt, zu betrachten. Innerhalb des Physischen wiederum stellt die Erde einen bestimmten Fokus dar, den ihr alle gewählt habt, um dem Plan in seiner Entwicklung zu helfen.

Eure Existenz hier ist nicht persönlicher Natur. Ihr könnt sie zwar persönlich sehen und für eure Fortentwicklung nutzen, aber in Wahrheit entwickelt sich der kosmische Plan durch jenen Aspekt, den ihr Erde nennt. Ich habe in verschiedenen anderen Materialien dargelegt, daß der Plan sich spiralförmig bewegt und entwickelt und daß es kein festes oder vorherbestimmtes Ziel gibt, das er erreichen soll, es sei denn, du siehst die Unbegrenztheit als ein solches. Die Quelle ruft nur einen kosmischen Tag ins Leben und legt einen Rahmen oder ein Unterstützungssystem fest, durch das sie ein bestimmtes Thema erforschen will. Ich möchte euch auf das Buch „Du hast die Wahl" verweisen, damit ihr genauer versteht, was dies bedeutet. Das Thema dieses kosmischen Tages ist — wie gesagt — der „Mut". Die Quelle weiß potentiell alles, was es über Mut zu wissen gibt. Aber sie hat diesen Rahmen geschaffen und entwickelt sich innerhalb desselben, um Erfahrungen zu diesem Thema machen zu können. Einer der Punkte, an dem ihre Evolution stattfindet, ist die physische Existenz. Es ist buchstäblich ein Brennpunkt der Vergrößerung, der der Quelle anzeigt, wie gut sie vorankommt.

Wenn wir diesen Vorgang auf die Erde anwenden, können wir sehen, daß du als Seele oder als ein Aspekt der Quelle auf die Erde gekommen bist, um deine Kreativität einem Prozeß zu unterziehen, den wir „Trial and Error" (Versuch und Irrtum) nennen. Laß uns annehmen, daß du in einem deiner Leben Arzt werden wolltest. Vielleicht machen die Umstände deiner Geburt und deiner Familie es dir schwer, dieses Ziel zu erreichen. Du hast daher alternative Wege kennengelernt, um dein Vorhaben ins Werk zu setzen, und das gilt natürlich auch für jedes andere Anliegen, das du auf der Erde gehabt hast. Wenn in deinen vielen Leben bestimmte Verhaltensmuster das Erreichen eines Ziels verhindern oder es immer wieder zunichtemachen, dann kannst du durch den Erkenntnisprozeß, den dieses Buch beschreibt, Klarheit über dich selbst erlangen.

Die Methode des Trial and Error hat innerhalb der dritten Dimension auf der Erde dazu geführt, daß ihr im Durchschnitt nahe zweitausend Leben intensiv erforscht, einige von euch mehr, andere weniger. Da die Natur der dritten Dimension als „Drehscheibe" wirkt, d.h. als Punkt, wo Involution in Evolution übergeht, findet in dir ein Prozeß statt, den wir in diesem Buch „Erkenntnis" nennen. Er bewirkt, daß du dir ein klareres Bild darüber machst, wie die Dinge zusammenhängen, statt ständig die gleichen Erlebnisse zu wiederholen.

Wenn du beim Kochen etwas gut umzurühren hast, dann mag es bestimmte Zutaten geben, die dem Umrührprozeß widerstehen, so daß sich einige Klumpen bilden. Du mußt immer weiter mischen und rühren, bis sich diese Klumpen auflösen. Die Bewegung der vierten Dimension ist ein Mittel, das die Kristallisationen oder Klumpen auflöst, die während eurer Leben in der dritten Dimension entstanden sind.

Im Erkenntnisprozeß wird die vierte Dimension durch einen visuellen Kontakt bzw. eine Visualisation benutzt, die dir zu sehen erlaubt, wie deine spirituellen, emotionalen, mentalen und physischen Perspektiven verschmelzen können. Du magst einen Widerstand sehen und konzeptionell verstehen. Der vierdimensionale Fluß kann diesen Bereich dann in Bewegung setzen und so lange halten, bis alles zusammenpaßt und integriert ist. Die einzelnen Perspektiven werden dabei aufgerührt, und das ermöglicht es zu sehen, wo sich die „Klumpen" oder Kristallisationspunkte befinden.

Dies ist der eigentliche Zweck der physischen Existenz. Sie bietet dir eine Vielfalt von Brennpunkten innerhalb des größeren Fokus der Erdperspektive. Das heißt: Du besitzt einen Fokus im physischen Körper, deinen Persönlichkeitsfokus innerhalb des umfassenden Fokus der Erde, eine emotionale Perspektive, eine mentale Perspektive und ganz sicher die spirituelle Perspektive deiner Seele. Dabei gibt es viele Ebenen; ich möchte dich an dieser Stelle auf das Kapitel „Vielschichtigkeit des Selbst" (Kapitel 8) verweisen, damit du all die Ebenen, die sich miteinander mischen und ineinander übergehen, klarer sehen kannst. Dein Zweck hier auf der Erde besteht darin, ein spezifischer Fokus oder Aspekt der Quelle zu sein, der sich innerhalb des größeren Fokus oder Aspekts der Quelle bewegt und einfügt und für sie verschiedene Themen erforscht und zusammenfaßt.

So lernst du, dich mit dem Gesamtschauplatz der Menschheit zu verbinden und, speziell in heutiger Zeit, mit dem Gesamtseelenzustand, weiter mit der nächsthöheren Ebene und so weiter, bis wir bei der Quellebene angelangt sind. Wir können uns den Vorgang anhand eines Teleskops vorstellen: Ziehst du das Rohr aus, wird eine Ebene nach der anderen scharf eingestellt.

So entfaltet sich die Quelle Ebene für Ebene, bis sie einen Punkt erreicht hat, den man die dritte Dimension nennt. Von diesem Augenblick an beginnt sie in ihrem bewußten Gewahrsein, all das wieder zu integrieren, was sie Schritt für Schritt entfaltet und durchforscht hat, bis sie zurück zum Ursprung, zum Ausgang kommt. Sie vollendet damit den Bogen der Spirale und erlaubt einer nächsten Ebene, sich zu entfalten. Ich habe das Thema Trial and Error in dieses Kapitel eingefügt, weil es auf der Erde notwendig bzw. Teil des Plans ist, dein vielschichtiges Selbst auf viele Arten auszusenden, damit du das Ganze so vollständig erforscht, daß all diese Gesichtspunkte wieder vereint werden können. Ist es daher notwendig, daß du alles erlebst? Nein, durchaus nicht. Aber was du erlebst, muß umfassend genug sein, damit es bei Beginn der Integration genügend Erfahrungen in einem bestimmten Bereich gibt, die zu einem Ganzen zusammentreten können. Du hast vermutlich Leben hinter dir als Arzt oder als Krankenschwester, als Historiker und Philosoph, als Musiker, Dichter, Wissenschaftler, als Führungskraft, Organisator und Geschäftsmann, als ein Athlet oder als Gärtner, als jemand, der die Erde, die Menschheit oder das Tierreich unterstützt hat, und sicher viele Male als einer, der den Aspekt, den man die Quelle oder den spirituellen Gesichtspunkt nennt, aufrechterhalten hat.

Du bist jemand, der auf der Erde buchstäblich etwas vorantreibt. Jeder von euch hilft der Quelle, durch die Verkörperung, die er in einem bestimmten Leben gewählt hat, etwas in sich aufzunehmen, zu verstehen oder kennenzulernen. Es gibt keine Vergeudung, kein Leben, das unwert gewesen wäre. Von der persönlichen Seelenperspektive aus gesehen, magst du das Gefühl haben, daß dein Leben nicht so umfassend ist, wie du gern möchtest. Vielleicht bist du krank und wünscht dir, nicht durch diese Krankheit gehen zu müssen. Aber insgesamt — das versichere ich euch — kennt die Quelle keine Krankheit, keine Blockaden, keine Kristallisationen, nicht in dem Sinne, daß es den Lernprozeß verzögert oder gar blockiert. Die Quelle erkennt in ihrer Güte, ihrem Mitgefühl ihre Aspekte auf der physischen Ebene, wie sie manchmal miteinander ringen, manchmal auf verworrene Art und Weise vorgehen. Aber sie lernt, wächst, versteht und nimmt alles an, was du erfahren hast, alles, was du lernst, und alles, was du erkennst. Sie urteilt nie! Sie fühlt sich durch deine Kämpfe nicht blockiert. Sie erkennt und akzeptiert, was du bist und tust. Sie weiß, daß du wächst und daß die Weisheit, die du entwickelst, eine wahrhaft umfassende Weisheit ist, weil es die Weisheit der Erfahrungen aller Bewußtheiten auf der Erde ist.

Das ist Lernen, das durch dich geschieht. Man kann auch sagen, daß du lernst, dich hinzugeben. So ist die Erdverbindung, sind Versuch und Irrtum buchstäblich ein Evolutionsprozeß der Quelle, und jeder einzelne drückt mehr und mehr die klare Verstehensebene aus, die uns durch die gesamte Erdverbindung oder durch das, was ich das Massenbewußtsein genannt habe, verfügbar ist. Dank diesem Massenbewußtsein steht dir die gesamte Erfahrung der Quelle zur Verfügung. Alles, was die Menschheit oder die Königreiche der Tiere, Pflanzen und Mineralien je auf der Erde erfahren haben, ist dort gespeichert. Nichts von diesem Erfahrungsschatz muß dich negativ beeinflussen, du kannst jederzeit auf ihn zurückgreifen. Um auf das Beispiel zurückzukommen, wo es um deine Arztwahl ging: Obwohl du deinen Berufswunsch nicht hast verwirklichen können, laß uns annehmen, daß du nie wieder versucht hast, Arzt zu werden. Trotzdem kannst du diesen Arztaspekt in deine Gesamtperspektive integrieren, indem du in das Massenbewußtsein oder in die sogenannte Akasha-Chronik eintauchst. Du wirst dort nicht nur deine persönlichen Versuche, Arzt zu werden, sondern alle Erfahrungen aller Menschen, die jemals Arzt gewesen sind, vorfinden.

Kannst du die Akasha-Chronik jetzt schon lesen? Möglicherweise nicht, aber wisse, daß ich wie andere Lehrer oder bestimmte Mitglieder des Engelreichs dir mit Vergnügen dabei helfen werden, auf all die vielen Erfahrungen von Versuch und Irrtum zurückzugreifen. Ein Irrtum (error) ist nichts Schlimmes — er ist eine Erfahrung, die nicht so klar ist, wie sie sein könnte. Viel wichtiger ist es, überhaupt etwas anzupacken und verschiedene Erfahrungen zuzulassen, bis ein spezielles Thema durch das Erfaßte immer klarer wird; und genau das hast du auf der Erde getan, immer und immer wieder.

Für viele von euch wird es jetzt möglich, statt der Irrtümer der dritten Dimension den Fluß der vierten Dimension zu nutzen, und du magst mit unserer Hilfe darauf zurückgreifen. Du kannst dich der Erfahrungen des Massenbewußtseins in der Akasha-Chronik bedienen und lernen, wie du heikle, ungelöste oder festgefahrene Themen, die ich oben Klumpen oder Kristallisationen genannt habe, auflöst. Der Erkenntnisprozeß gibt dir die Mittel an die Hand, alles richtig zusammenzufügen. Er bewirkt, daß euer dreidimensionaler Erdfokus jetzt vierdimensional fließen und dich in die klarste Perspektive einbinden kann, die dir jemals zu Gebote stand. Das wird dir ermöglichen, für dich und die Quelle den vollkommen integrierten Fokus zu erreichen, den man den Punkt des Aufstiegs nennt.

Kapitel 11

BEDINGUNGSLOSE LIEBE

Bedingungslose Liebe ist etwas ganz Einfaches, denn sie faßt alles in einem Zentrum zusammen und bindet somit die gesamte Existenz. Alles Sein entspringt bedingungsloser Liebe. Sie ist der generative Kern, aus dem jede Wesenheit hervorgeht. Sie strömt gleich einem Springbrunnen, fließt im freien Fluß. Sie ist mit Sicherheit die Basis, auf der alles andere gründet. Immer wieder haben wir, die spirituellen Lehrer, dir die bedingungslose Liebe beschrieben. Du hast sie gefühlt, auf viele Arten und unter vielen Gesichtspunkten. Das war manchmal sehr verwirrend, weil man dir sagte, es sei unabdingbar, sie immer und unter allen Umständen zu fühlen und auch anzuwenden.

Bedingungslose Liebe ist daher ein „brisantes" Thema. Sie führt dich in tiefe Ebenen deines Bewußtseins. Sie verbindet deine Fähigkeit zur Manifestation mit deiner Beziehung zur Quellebene. Sie versucht, alle Aspekte deines Selbst zu bündeln, damit sie sich vertragen und nicht gegenseitig verurteilen. Bedingungslose Liebe ist ein Strom, aber einige von euch blockieren ihn.

Wenn du in dir das freie Fließen der bedingungslosen Liebe gefühlt und ihre Kraft erkannt hast, hilft es dir, mit anderen in Kommunikation zu treten. Das macht dir klar, daß es keine Unterschiede in der Existenz gibt; du und die anderen stimmen in eurer Göttlichkeit immer überein. Daher ist die bedingungslose Liebe buchstäblich der verbindende und integrierende Aspekt deines Selbst.

Deine Liebe ist so bedingungslos, wie du es zu diesem Zeitpunkt zulassen kannst. Einige von euch haben ihr Herz in einer Art und Weise geöffnet, daß sie die Stärken und Fähigkeiten anderer erkennen und schätzen. Das ist ein Aspekt bedingungsloser Liebe, den sich jeder wünscht. Gleichzeitig magst du aber nicht bereit sein, die bedingungslose Liebe in dich hineinzunehmen oder auf dich selbst anzuwenden. Du siehst vielleicht deine eigenen Stärken und Fähigkeiten nicht bedingungslos. Bedingungslose Liebe kann durch einen Verurteilungsfaktor ausgelöscht werden. Viele von euch wenden diese Urteile häufiger gegen sich selbst an als gegen andere. Manch einer verurteilt sich und andere, aber buchstäblich jeder richtet sie in gewisser Weise gegen sich selbst. Bedingungslose Liebe kann der Selbstverurteilung entgegenwirken oder helfen, sie zu heilen. Du verurteilst dich, wenn du deine wahre Schönheit noch nicht gesehen und erkannt hast. Bedingungslose Liebe sieht und konzentriert sich auf alles Schöne. Sie erkennt die Stärke des göttlichen Seins; sie erlaubt den Kontakt mit ihm auf eine wertungsfreie Art.

Natürlich muß man die Unterscheidungsfähigkeit bewahren; das ist ein Thema, dessen Wichtigkeit ich oft betont habe. *Bedingungslose Liebe bedeutet nicht, sich zu opfern.* Sie ist ein sehr wichtiger Teil der Toleranz, doch muß sie mit Unterscheidungsfähigkeit im Gleichgewicht gehalten werden. Ich habe oft das Beispiel benutzt, daß du es nicht zulassen mußt, wenn dir jemand auf die Zehen tritt. Zieh den Fuß zurück und laß den anderen weiter treten, wenn er das so wählt; das wäre eine klare Reaktion. Sie verhindert, daß die unklare Perspektive anderer dich beeinträchtigt oder zum Opfer macht.

Auf der Basis der bedingungslosen Liebe gibt es kein Märtyrertum. Die Quelle macht niemanden zum Opferlamm. Doch mancher ist sich darüber nicht im klaren. Auf diesen Seiten gebe ich immer wieder eure Beziehungen zur Quellebene durch. Viele von euch bekamen beim Eintritt in den Individualisierungsprozeß das Gefühl, daß sie nicht mehr so umfassend mit dem Göttlichen in Verbindung standen wie vorher. Während ihr in der göttlichen Gebärmutter harrtet, hattet ihr den vollen Kontakt zur Quelle, fühltet euch von ihr unterstützt und wart euch ihrer ganz bewußt. Es ist so, als wäret ihr von dem Bewußtsein einer ganzen Torte zu dem eines Tortenstückchens herabgestuft.

Als der Schöpfer dich gebeten hat, dich auf diesen individuellen Zustand einzulassen, hast du in deiner bedingungslosen Liebe für die Quelle und in der Erkenntnis, daß dies der nächste Schritt in deiner Evolution ist, zugestimmt. Viele von euch haben bestimmte Erwartungen gehabt, wie diese Reise aussehen würde. Und der Schöpfer hat dir versichert, daß du wirklich in einen unbegrenzten Zustand übergehen würdest. Aber vielleicht hast du das „Kleingedruckte" nicht gelesen, das besagt, du würdest diese Unbegrenztheit nur über die Mitschöpferebene, also in Verbindung mit anderen, verwirklichen. Als du in diesem Zustand warst und er dir sehr begrenzt erschien, kamst du dir als Opfer, als betrogener Märtyrer vor. Dieses Gefühl hast du dir natürlich sofort versagt, denn etwas Derartiges erlaubt man sich nicht so ohne weiteres gegenüber seinem Schöpfer, nicht wahr?

Nach meiner Meinung müssen diese begrenzenden Gefühle oder Glaubenssätze ans Licht geholt, angesehen und in eine klarere Perspektive umgewandelt werden, so daß eine Reaktion bedingungsloser Liebe entstehen kann. Liebe *kann nicht* begrenzt werden. Wenn du Liebe einzuschränken suchst, wird etwas anderes als bedingungslose Liebe daraus. Das scheint offensichtlich. Aber viele von euch, die versuchen, bedingungslose Liebe auszudrücken, bleiben bei einem bestimmten Punkte stehen in der Meinung, dies sei alles, was an Liebe vorhanden sei. „Ich kann in diesem Gefühl nicht weitergehen", sagen sie. Und es ist fast immer die Beziehung zur Quelle, die im Wege steht; sie will erforscht werden, damit ihr schließlich die bedingunglose Liebe der Quelle vollkommen ausdrücken könnt.

Niemand, ich wiederhole, niemand auf der Erde ist bis jetzt annähernd in der Lage, bedingungslose Liebe völlig zu verstehen. Jeder von euch hat dazu noch verschiedene Programmierungen. Aber sie ist Teil eurer Entwicklung. Sie bedeutet jene Freiheit, die du suchst. Wenn du wirklich frei bist, hat die Bedingungslosigkeit der Liebe den angemessenen Raum, um sich durch dich auszudrücken. Es gibt dann nichts mehr, was sie behindert, sie zurückstößt oder ihr Bedingungen auferlegt.

Wie bist du in einer Beziehung? Versuchst du liebevoll und harmonisch zu sein, oder sagst du deinem Partner: „Was ist mit mir? Meine Bedürfnisse werden nicht erfüllt." Nun, ich möchte gleich betonen, du bist nicht hier, um das Opfer einer Liebesbeziehung zu sein. Aber ich sage dir: Bedingungslose Liebe, ist sie nur stark genug, trägt dir auch bedingungslose Liebe ein. Wenn dir das Universum also eine Liebe entgegenbringt, die dich zu begrenzen scheint, dann zeigt das nur, daß du deiner Liebe bis jetzt noch nicht gestattet hast, bedingungslos zu sein. Das ist keine Kritik. Es ist einfach ein Weg, der dir zu sehen erlaubt, daß die Spiegelfunktion, über die der Schöpfer dich verfügen läßt, sehr zuverlässig arbeitet. Wenn der Spiegel der anderen dir eine Reaktion bedingungsloser Liebe entgegenbringt und du sie annehmen kannst, dann wirst du wissen, daß deine Liebe wahrhaft bedingungslos geworden ist, zumindest in dieser Situation.

Es ist ein langer Weg, alle Aspekte der Liebe bedingungslos werden zu lassen. Ich könnte mindestens zehn Bücher darüber schreiben. Tatsächlich gibt es unzählige Bücher über die Liebe. Du kannst sie mit dem Kopf lesen und ihre Aussagen aufnehmen. Aber dein Emotionalkörper und dein Herz müssen die Liebe erfahren, damit sie für dich wirklich wird. Du erreichst irgendwann den Punkt, und viele von euch haben ihn jetzt erreicht, wo dein Herz mehr als zur Hälfte offen steht. Damit hast du die kritische Masse erreicht und fühlst dich mehr durch Liebe verbunden als von ihr getrennt oder gar als Opfer des Prozesses. Das Liebeszentrum entwickelt sich allmählich, und das ist vermutlich der ausgewogenste Weg, um mehr und mehr bedingungslose Liebe auszudrücken. Durch neue Erkenntnisse baust du Schritt für Schritt eine Begrenzung nach der anderen in allen Bereichen deines Lebens ab. Damit förderst du eine bedingungslose Ausdrucksweise, und das, mein Freund, ist das gleiche wie bedingungslose Liebe. Als die Quelle dich einlud, in der Existenz zu „schwimmen", hat sie dir geraten, dies ohne Leine zu versuchen; von irgendwelchen Begrenzungen in Bezug auf die bedingungslose Liebe war nie die Rede!

Bedingungslose Liebe motiviert dich, deiner Bestimmung gemäß zu leben. Wenn Liebe bedingungslos ausgedrückt wird, muß sie mit anderen geteilt werden. Es steht außer Frage, daß bedingungslose Liebe in das ganze Universum strömt. Sie möchte helfen. Sie möchte teilen und sich freuen. Sie möchte alle Standpunkte verstehen. Sie ist geduldig und nachsichtig; sie ist dankbar für den Vorzug, ein Teil der Existenz zu sein. Sie überwindet Barrieren und schafft Verbindung mit allem, was da ist. Sie erlaubt der Zukunft, tatsächlich unbegrenzt zu sein; sie gestattet der Vergangenheit die Gnade der Vergebung und der Gegenwart, ein freudiges Abenteuer zu sein, das sich beständig neu entfaltet.

Kapitel 12

FREUDE

Wenn ich an die Freude denke, stelle ich sie mir mit Vorliebe als die perlenden Luftblasen der Schöpfung vor. Freude sprudelt aus dem schöpferischen Prozeß hervor gleich den Blasen eines überschäumenden Getränks, die zur Oberfläche drängen. Viele lassen das nur selten zu, nur gelegentlich kommt Freude auf. Dabei ist sie Teil eures schöpferischen Kerns. Sie ist — meiner Ansicht nach — der grundlegende Motivator innerhalb der Existenz.

Freude ist natürlich eine Qualität des Herzens und kann daher nur entstehen, wenn das Herz offen genug ist, sie aufwallen zu lassen. Aus energetischer Sicht ist dies Sprudeln ein elektrischer Effekt, der Energiewellen hervorruft; sie verbinden dich mit deiner Umgebung, die auf diese buchstäblich überall aufquellende Freude reagiert. Wenn du an Situationen denkst, in denen du mit jemandem zusammen warst, der sehr viel Freude ausstrahlte oder mit dem du sehr viel Freude hattest, wirst du auch erinnern, daß Freude ansteckt. Sie verbreitet sich sehr leicht und rasch, allerdings nur, wenn sie ehrlich gemeint ist, sonst tritt der „Sprudeleffekt" nicht auf! Freude läßt sich nicht vortäuschen. Wenn du Freude zuläßt, können die in ihr enthaltenen Energiewellen eine Situation so entschärfen, daß sie leicht integriert werden kann. Freude hat daher die Bestimmung, Integration zu fördern; wer sich in ein Ganzes einfügen will, kommt ohne sie nicht aus. Sie ist ein Werkzeug für den ganzheitlichen Prozeß innerhalb der Quelle.

Ihr werdet jetzt einwenden: „Ich kann nicht den ganzen Tag lang Freude fühlen, auch wenn ich mich darum bemühe." Und natürlich habt ihr recht. Manchmal, wenn ihr euch zu freuen versucht, empfindet ihr nicht die reine Freude, sondern ihren Abklatsch; das ist nicht dasselbe. Freude muß zugelassen werden; du erlebst sie nur entspannt, wenn du dich von jeglichem Druck befreien kannst. Freude bedarf eines entspannten Emotionalkörpers. Wenn es in deinem Leben zu viel Streß gibt, hat die überschäumende Freude keine Chance, so weit aufzusteigen, daß du sie erkennen kannst. Du bist nicht imstande, gleichzeitig angespannt und froh zu sein.

Über die Freude kommt man oft mit seinem „inneren Kind" in Kontakt; ich verweise euch auf das entsprechende Kapitel (Kapitel 26). Freude ist häufig auch mit dem Staunen und der Bewunderung verbunden; man staunt über die eigene Existenz und andere Menschen, über den Schöpfer, den kosmischen Plan und über die Gelegenheit, sich innerhalb des Planes auszudrücken. Freude erlaubt Bewegung; sie ist das Element der Schöpfung, das die Teilnahme am Plan veranlaßt. Dank ihr erkennt und akzeptiert man den eigenen Part im Ganzen. Sie läßt die anderen Herzqualitäten hervortreten und sich öffnen.

Ganz sicher wird bedingungslose Liebe durch Freude angeregt und umgekehrt die Freude durch die Liebe. Es besteht ein reger Austausch zwischen beiden. Aber möglicherweise ist die überschäumende Freude jenes Element, das der bedingungslosen Liebe erlaubt, sich in den strahlenden Kern zu integrieren, der ein vollständiges Aufgehen innerhalb der Existenz erlaubt.

Es gibt einen großen Unterschied zwischen der Freude und der Schadenfreude; leztere ist viel weniger klar. Schadenfreude lacht auf Kosten anderer, amüsiert sich über deren Schmerzen, deren Schwierigkeiten. Auch Fröhlichkeit ist etwas anderes. Fröhlichkeit kann den anderen anerkennen und läßt manchmal über sich selbst lachen, was ganz heilsam ist. Freude aber ist die restlose Anerkennung alles dessen, was da ist, und trägt in sich das unstillbare Verlangen, mit allem zu „spielen". Du weißt, ein kleines Kind, sei es nun menschlich oder aus dem Tierreich, möchte immer spielen. Sein Spiel ist wahrhaft erfüllt von Freude. Sein Leben ist ein freudiges Spiel. Die Freude sprudelt nur so hervor, wenn Kinder wie junge Hunde miteinander tollen. Sie setzen durch ihr gemeinsames Spiel etwas in Bewegung, was wir Evolution nennen. Denn sie lernen etwas sehr Wichtiges: Sie lernen freundlich und freudevoll zu sein, mit anderen auszukommen und ihnen weder zu schaden noch zu erlauben, sie selbst zu verletzen. Sie lernen auch alles über Kommunikation. Freude ist eine wesentliche Grundlage für klaren Umgang miteinander; ohne sie ist Kommunikation nie klar.

Nun gibt es mental veranlagte Menschen, die ihre Gefühle bereits beerdigt haben; sie nehmen sie nicht an. Nur selten wagen sie den Versuch, ihre Gefühle über einen Aspekt der Freude zuzulassen. Auf diese Weise kann sich die Freude zwar nicht voll entfalten, aber doch soviel bewirken, daß sie für diese Menschen zu einem Stabilisierungsfaktor wird. So genießen sie wenigstens eine gewisse Anerkennung durch ihr freudevolles Herz.

Diese teilweise Anerkennung der Freude wirkt sowohl als Stabilisator wie als Stimulator. Aber sie stellt niemals voll zufrieden. Man wünscht sich mehr, denn auf tieferer Ebene wird erkannt, daß Freude zu einem vollständigeren Verstehen führt. Das kann sich im Emotionalkörper dieser Menschen wie eine Polaritätsspaltung auswirken. Die vergrabenen Gefühle benutzen die Freude als Leiter, um aus dem Loch hinauszuklettern. Eine mental geprägte Persönlichkeit hat immer eingesargte Gefühle, denen nicht erlaubt wird, ans Tageslicht zu treten, weil sie womöglich negativ sein könnten. Das einzige „Gefühl", dem erlaubt wird, sich offen zu zeigen, weil es mehr einer mentalen Perspektive entspringt, ist die Angst. So kann man sagen, daß die Angst bei ihnen „eine Weile als König herrscht", wenn sie sich der Freude öffnen, weil sie den anderen Gefühlen, die vom Mentalkörper und dem Unterbewußten als negativ abgetan werden, nicht erlauben, sich zu offenbaren. Angst ist eins der — ich möchte sagen — schwierigsten und destruktivsten Gefühle. Und das darum, weil das „Gefühl" der Angst in eine mentale Perspektive umgeformt wurde, die zum Kerker für den wird, der sich auf das Mentale konzentriert. Diese Menschen schwanken zwischen dem Verlangen, die Freude, die sie ahnen, zu empfinden, und der Angst, die immer wieder aufsteigt, wenn sie dieses Gefühl zulassen wollen.

Wenn man sich zu sehr auf das Mentale versteift, werden bedingungslose Liebe, Mitgefühl und ganz besonders Vertrauen manchmal buchstäblich zwischen den begrabenen Gefühlen verschüttet. Begrabene Gefühle, das sind Mißtrauen, begrenzte Liebe oder jene Empfindungen, die ich als den Gegenpol der positiven, herzzentrierten Gefühle bezeichne. Wenn solche Menschen sich freuen, wird ihre Angst aufgrund der Polaritätsspaltung stimuliert, und weil sie alle ihre Gefühle unterdrücken, verstärken sie die Kerkermauern der Herzqualitäten. Dies ist ein wichtiger Fingerzeig für all diejenigen, die sich dem Mentalen verschrieben haben, und ein Schlüssel zur Freisetzung der eingesperrten Herzqualitäten. Der Versuch, in seinem Leben mehr Freude auszudrücken, kann zur Folge haben, daß alle anderen Gefühle inspiriert werden. Aber es ist auch möglich, daß nun eine gewisse Hoffnungslosigkeit empfunden wird; denn der Kontakt mit der Freude löst manchmal ein tiefes Gefühl der Minderwertigkeit aus. Man hat das Ziel vor Augen, fühlt sich aber nicht wert genug, die volle Freude anzunehmen; daher kann man ebensogut gleich aufgeben. So kann sich Freude tatsächlich in Hoffnungslosigkeit und Streß verwandeln, vor allem, wenn kein Fortschritt im Bereich der Freude sichtbar wird. Man schwingt buchstäblich vor und zurück, zum Positiven hin und dann zurück zu dem, was ihr das Negative nennt, schwingt hin und her, seid positiv und negativ ... Da lauert Hoffnungslosigkeit; man findet keinen Weg, den Zustand aufrechtzuerhalten, in dem man seine positiven Gefühle innerhalb des Herzbereichs beständig ausdrücken kann.

In beiden Fällen, während der mentale und emotionale Fokus arbeitet, ist es ratsam, Freude so viel wie möglich, jedoch ganz zwanglos einzusetzen. Benutze sie, erfreue dich an ihr, sei dir ihrer bewußt und halte täglich mit ihr ein Zwiegespräch. Lade sie frühmorgens ein, indem du sagst: „Ich bin bereit für dich. Wieviel ist denn heute für mich drin?" Und dann nimm an, was kommt, und nimm dir vor: „Ich bin offen dafür, morgen noch mehr zu empfangen. Ich lasse mir Zeit, bis ich bereit bin. Wenn mein Anteil an der Freude mir heute klein vorkommt, werde ich tief in mich hineingehen und sehen, warum das so ist. Ich werde mich aber nicht mit einem ‚ich sollte' unter Druck setzen, ich werde mich nicht minderwertig fühlen, weil mein Freudenbecher nicht gefüllt ist. Ich werde die Gefühle zulassen, die in mir aufsteigen — Furcht, Minderwertigkeit oder was immer —, um mich selbst immer besser zu verstehen, so daß ich der verdeckten Freude erlauben kann hervorzusprudeln. Ich werde versuchen zu erkennen, daß die Freude niemals ganz verlorengeht. Meine Einstimmung auf sie mag zu wünschen übrig lassen, aber ich wachse dennoch in meiner Empfänglichkeit für sie, und auch wenn ich sie bisweilen aus dem Blick verliere, weiß ich von ihrer Gegenwart." Wenn du dich der Freude auf diese Art näherst, weiß ich, daß sich die Freude bei dir „einschleichen" wird und du sie genießen kannst ganz ohne Druck.

Kapitel 13

FREIER FLUSS

Jeder von euch lernt in seinem Leben zu „fließen". Das bedeutet, daß du dem Göttlichen erlaubst, deine Kräfte so einzusetzen, daß du gründlich mit allen Aspekten deines Selbst kommunizierst. Diese Definition mag ein wenig von jener abweichen, die du bisher gekannt hast. Aber sieh es einmal so: Wenn du das Schwimmen erlernen willst, dann kommt der Zeitpunkt, wo du ins Wasser springen und die Schwimmzüge üben mußt. Dann ist es nur noch notwendig, deinem Körper, diesem göttlichen Fortbewegungsmittel, zu erlauben, sich an die neue Fortbewegungsart zu gewöhnen und dich ihrem Rhythmus und Gleichmaß hinzugeben, so gut es geht.

Dann gibt es wiederum Augenblicke, wo du stillsitzen und dir all das vorzustellen hast, was du im Bereich des Schwimmens tun möchtest, d.h. wo du dich so schwimmen sehen mußt, wie du es dir erträumst. Das setzt dich in den Stand, den freien Fluß an seinem Angelpunkt, dem Übergang von der fünften in die vierte Dimension, zu betrachten. Im Bereich der fünften Dimension entwickelst du ein Thema konzeptionell; dein Entwurf ist von solcher Klarheit, daß er sich in das Ideal der Quelle einhakt. Ist diese Verbindung einmal geschaffen, wird ein freierer Fluß entstehen. Als nächstes ist es wichtig, das Ziel zu visualisieren; damit kann die Verbindung in den freien Fluß beginnen. Wenn du ohne Konzept ins Wasser springst, wirst du lange herumpaddeln müssen, bevor dir einfällt, was du tun solltest. Warum lernst du nicht, den Schlüssel mitzubringen und ihn innerhalb des freien Flusses zu benutzen, um dich voll mit ihm zu verbinden?

Viele von euch versuchen, den freien Fluß des Reichtums bzw. den Reichtum im freien Fluß der Quelle, was das gleiche ist, zu verstehen und sich mit ihm zu verbinden. Vielleicht gehört Geld für dich zu einem bestimmten Teil des freien Flusses. Um ihn kräftig sprudeln zu lassen, mußt du dich mit einem Konzept ins Universum einhaken, welches vorgibt, wie man sich mit diesem spezifischen Aspekt des freien Flusses verbinden kann. Wir schlagen dir vor, dein Ziel dahin auszuweiten, daß in allen Bereichen deines Lebens ein reichlicher Fluß eintreten kann, nicht nur beim Geld. Da du auf die Erde gekommen bist, um deine Kreativität buchstäblich in viele Teile aufzuspalten und einzeln zu durchleuchten, ist es notwendig, sie für jeden Bereich spezifisch neu zusammenzusetzen, um einen freieren Fluß in ihm zu erreichen. Das Dasein ist hierbei nicht ohne Hintergedanken. Um Fülle und Überfluß vom Universum zu erhalten, solltest du dich auf deine grundlegende Bestimmung in jenem Bereich besinnen, für welchen du dir Fülle wünscht. Ich will damit nicht sagen, daß das Universum dir die Fülle vorenthält, wenn du sie für Nebensächlichkeiten oder Ersatzbefriedigungen forderst. Aber ich möchte dich darauf hinweisen, daß Fülle am leichtesten zum Zwecke der Evolution des Planes fließt. Je klarer du dir über deine Rolle in diesem Plan bist, je mehr du dich daran beteiligst, anderen zu helfen und dir von anderen helfen zu lassen, je mehr du deine Bestimmung in Verbindung mit der Menschheit und der umfassenden Evolution siehst, je mehr wird dein Wunsch die Basis der Schöpfung erreichen und zu dir als Überfluß zurückkehren.

Soviel — stark vereinfacht — zum Thema Überfluß und Reichtum. Wenn ein Individuum oder eine Gruppe Fülle anstrebt, werden sie diese sicher auf die eine oder andere Art erhalten. Es dauert vielleicht nur eine Weile, bis der Überfluß sie tatsächlich erreicht. Mit anderen Worten, möglicherweise steht der Postbote mit dem Scheck über eine Million Dollar nicht schon am nächsten Morgen vor der Haustür. Obwohl das schließlich auch möglich wäre. Aber vielleicht treten statt dessen mehr Menschen als erhofft in die Gruppe ein, oder bei einer Einzelperson bietet sich die gute Gelegenheit, Herzqualitäten zu erkennen und anzunehmen. Das Universum hilft dir im allgemeinen mit Mitteln und Wegen, die dich das Thema Fülle besser verstehen lassen.

Als du anfingst, dich der Fülle zuzuwenden und an ihr zu arbeiten, mag es vorgekommen sein, daß der freie Fluß noch mehr ins Stocken kam. Du magst Widerstände oder Blockaden deines Unterbewußtseins aktiviert haben und fühltest dich entgegen deiner Erwartung eher aufgestaut. Aber solange du als Individuum die Fülle, die du dir wünscht, nicht zulassen kannst, ist einzig der freie Fluß das Mittel, das dich Schritt für Schritt lehrt, deine volle Unbegrenztheit anzunehmen. Der Weg jedoch ist steinig, und du begegnest so manchen Barrieren, die du erkennen und abräumen mußt.

Ich glaube, jeder möchte am liebsten gleich allen Reichtum und alle Fülle in sein Leben bringen. Aber ich sage dir, und das ist nicht als Kritik, sondern nur als Kommentar gemeint: Es ist wichtig, daß du ganz allmählich in den Überfluß hineinwächst. Sonst ist es so, als würden zehntausend Möglichkeiten gleichzeitig geboten, und du hättest nicht die geringste Ahnung, wie du sie alle nutzen könntest. Tatsächlich waren eure schwierigsten und unglücklichsten Leben meist auch jene, die euch den größten Überfluß und Reichtum boten. Mag sein, daß ihr euch auch an ein, zwei Leben in Reichtum erinnert, die euch glücklich machten, aber für jedes dieser Leben nenne ich euch zehn, wo es nicht so war.

Mit Reichtum kommt Verantwortung. Und Verantwortung ist meist mit Einschränkungen und Einbußen der Freiheit verbunden. Wachse also lieber Schritt für Schritt in den freien Fluß hinein, den das Universum dir anbietet, wenn du sagst: „Ja, jetzt bin ich bereit, mit dem Fluß zu gehen; ich will ihn gründlich anschauen, damit ich ihn kennenlernen und verstehen kann." Mein Freund, die wahre Bedeutung des freien Flusses besteht darin, in jedem Augenblick bereit zu sein, dich selbst und das, was du erschaffst, ins Auge zu fassen; geh mit dem Fluß, auch wenn du oft entmutigt wirst oder wenn es gar so scheint, daß es diesen Fluß nicht gäbe. Es gibt ihn doch, den freien Fluß der Transformation in dir. Es ist der grundlegende freie Fluß, der dein göttliches Geburtsrecht ist. Es ist dein Erbe, das dir vom Schöpfer verliehen wurde, und er strömt im Überfluß durch dich hindurch.

Beachte, daß der freie Fluß dir als Individuum prinzipiell keinen Überfluß beschert; das kann nur auf einer bestimmten Ebene geschehen. Im wesentlichen ist er ein Bewußtseinsstrom, der immer enger mit dem Plan verbunden ist, der immer klarer, liebevoller, einsichtiger wird und immer mehr seiner göttlichen Verbindung bewußt.

Kapitel 14

ÜBERWINDUNG DER PERSÖNLICHKEIT

Die spirituellen Lehrer haben euch wiederholt geraten, daß ihr das Ego aufgeben und euer Bewußtsein innerhalb eures höheren Selbst oder eurer Seele zentrieren sollt.

Ich denke, daß es wichtig ist, sich dieses Ego, das das Zentrum der Persönlichkeitsebene ist, einmal vorzunehmen und es als Brücke in ein klareres Leben zu betrachten. Das Ego mag das Image eines „Bösewichts" haben, aber das ist meiner Ansicht nach nicht richtig. Ganz sicher muß die egozentrierte Persönlichkeitsebene lernen, daß sie nicht das Zentrum, das wichtigste im Universum ist. Sie muß über die ihr eigene Perspektive hinausgehen, um ihre Beziehung zur Quelle zu verstehen und zu realisieren, daß ihre Stärken entwickelt worden sind, um einen Überbrückungsprozeß für die Quelle zu ermöglichen. Den Individuationsprozeß der Quelle habe ich in mehreren Kapiteln dieses Buches beschrieben. Er besagt, daß sich die Quelle entschlossen hat, daß sie lernen, wachsen und sich entwickeln möchte. Aus diesem Grunde hat sie aus ihrem Selbst eine Vielfalt von Bewußtheiten erschaffen, deren jede einzelne sich entwickelt und eben dadurch die Entwicklung der Quelle fördert.

Das ist ein komplexer und doch, meiner Ansicht nach, einzigartig einfacher Prozeß, auf dem die Evolution beruht. Deine Ichpersönlichkeitsebene dient der Quelle als Bewußtseinszentrum. Das ist ein Spezifikum, eigens für dich in diesem Leben und nur für dieses Leben geschaffen, um das einzigartige Lernen und das Wachstum dieser aktuellen Erdenerfahrung zu konzentrieren. Dein Ich wird durch ein Gefühl der Einzigartigkeit zusammengehalten. Es ist diese Einmaligkeit, die dein Bewußtsein davon abhält, sich in alle Winde zu zerstreuen.

Über viele physische Leben hast du die Fähigkeit entwickelt, ein Ego und eine Persönlichkeitsstruktur zu benutzen. Als du zum erstenmal in die physische Existenz eintratest, fiel dir das nicht leicht. Du fühltest dich aus dem All „herausgeworfen", und nur mühsam vermochtest du dich auf die physische Existenz zu konzentrieren. Ihr mußtet alle großes Gewicht auf das Persönlichkeitszentrum legen, um mit der Erde einen guten Kontakt herzustellen. War das absolut notwendig? Nein, es gab einige wenige Wesen, die ihr eigenes göttliches Zentrum innerhalb der physischen Existenz verwirklichten, ohne vollständig in ihrer Ichbezogenheit aufzugehen. Aber 99,9 Prozent begaben sich in die Ego-Ebene, um die physische Existenz und ihre Rolle darin umfassender verstehen zu lernen.

Du erreichst schließlich einen Punkt in deiner Evolution, und eine Reihe von euch ist jetzt dort angekommen, wo das Leben im Prinzip sehr „leicht" ist. Das heißt nicht, daß es nichts mehr zu lernen gibt oder daß ihr euch emotional immer sehr wohl fühlen müßt. Es bedeutet einfach, daß alles, was ihr euch zu tun vornehmt, leicht und gut von der Hand geht. Ihr habt eine Perspektive, die ich „richtig" nennen möchte.

Wenn du etwas immer und immer und immer wieder tust, bis du sehr geübt darin bist, dann magst du diese Schöpfung vielleicht genießen. Aber meist führt das zu etwas, das ich das Langeweile-Syndrom nennen möchte. Es bedeutet, daß ihr etwas schon so viele Male getan habt, daß jede weitere Wiederholung Langeweile hervorruft.

Wenn du einen gewissen physischen Reifegrad erlangt hast bzw. in deiner Erderfahrung so weit fortgeschritten bist, daß du sie in den nächsten zehn bis zwanzig Leben mit dem Aufstieg abschließen wirst, hast du erreicht, deine Persönlichkeit so weit zu überwinden, daß die Perspektive deiner Seele oder deines höheren Selbst sie durchdringt; fest in der physischen Struktur verankert, wird sie das Mittel zu einem immer grenzenloseren Schaffen. Mit anderen Worten: Die Persönlichkeitsebene hält so lange an der Führung fest, wie sie eben kann. Sie erbaut ein starkes kreatives Zentrum, von dem sie schließlich aber doch ablassen muß, um sich einer kreativen Ebene, größer als sie selbst, zu ergeben und ein Teil von ihr zu werden. Das ist der Vorgang, mit dem die meisten von euch jetzt beschäftigt sind.

Ihr habt natürlich viel von Hingabe gehört; sie ist ein Prozeß des Gehenlassens. Die Ego-Ebene muß den Glaubenssatz aufgeben, daß sie das einzige Zentrum ist, das wirklich existiert. Es scheint mir wichtig für dich zu erkennen, daß es viele Wege gibt, an der Persönlichkeit festzuhalten, auch wenn die Seele schon in deinem physischen Körper verankert ist. Eine Art besteht in dem Glaubenssatz, daß einzig dein Weg, die „Erleuchtung" zu erreichen, dich zum Ziel führt, daß niemand je einen anderen Weg dorthin gefunden hat, daß schließlich alle die Dinge so sehen werden wie du. Diese Idee, an die sich die Ichpersönlichkeit klammert, ist Teil des Glaubenssatzes, selbst das Zentrum des Universums zu sein. Dieser irreführende Glauben, diese irrtümliche Wahrnehmung muß aufgegeben werden, damit die Beziehung zu anderen, zur Menschheit und zur gesamten Schöpferebene klarer, empfänglicher und dynamischer werden kann, mein Freund.

Laß uns annehmen, daß du einer kleinen Gruppe angehörst und dich für das begeisterst, was ihr vorhabt. Viele Menschen kommen zu euch; ihr helft ihnen und euch selbst. Ihr habt einen Fokus geschaffen, von dem ihr glaubt, daß er das Ziel eurer Seelen widerspiegelt. Andere nehmen daran teil, aber sie haben ihre eigene Art, mit den Dingen umzugehen. Viele akzeptieren, was ihr tut, aber sie werden nicht gerade zu begeisterten Anhängern eurer Methoden werden. Wie fühlst du dich damit? Bist du in der Lage einzusehen, wieviel „reicher" du wirst, wenn sie eure Perspektive eine Zeitlang teilen und dann entsprechend ihren eigenen Vorstellungen weitermachen? Einige von euch sehen das mit dem Kopfe ein, nicht aber mit dem Herzen. Selbst wenn du kein emotional bestimmter Mensch bist, schleppst du einige egozentrische Glaubenssätze mit dir herum, die dir aus falscher Wahrnehmung heraus einflüstern, du wärst mit allem, was du tust, das eigentliche Zentrum des Universums.

Allmählich lernt ihr alle, euch zu vernetzen — wie ihr das nennt —, und das ist sehr, sehr wichtig. Ihr dürft euren Gruppenfokus nicht mehr aufgeben. Tatsächlich werden Gruppen immer wichtiger, denn sie führen verschiedene Verständnisebenen zusammen und bieten die Möglichkeit, eine vollständigere Kreativität zu erzielen. Ich möchte behaupten: Je williger du die Begabungen und Entscheidungen anderer in die Arbeit deiner Gruppe einbeziehst, desto sicherer schlägt deine Persönlichkeit eine Brücke zum Bewußtsein deiner Gruppe und damit zu den Bedürfnissen der ganzen Menschheit.

Damit öffne ich bei vielen von euch vermutlich die „Büchse der Pandora", und bevor jetzt alle Gruppen wütend auf mich werden, füge ich schnell hinzu, daß dieses Öffnen wirklich unbewußt geschieht. Eine kreative Öffnung kann entstehen, wenn du im Prozeß Vertrauen und Mitgefühl zuläßt. Dann bist du bereit, jedem Menschen die freie Wahl zuzugestehen, dich nicht mehr an ihnen festzuklammern und keine einschränkende und einengende Beurteilung ihrer Persönlichkeit vorzunehmen. Was genau beschränkst du? Mein Freund, du begrenzt dich und deine Gruppenperspektive. Das ist wahrhaftig alles! Es bedarf des Loslassens, der Überwindung der Persönlichkeitsebene, um zu erkennen, daß euren transformatorischen Bemühungen ganz und gar nichts Persönliches anhaftet. Sie dürfen keiner Egoperspektive entspringen; vielmehr muß die Herzenergie eine Brücke zum Gruppenbewußtsein schlagen, um den Bedürfnissen der Menschheit dienen zu können.

Mit diesen Ausführungen möchten wir euch aufzeigen, was Gruppen im Neuen Zeitalter leisten können. Sie müssen eine spezifische Perspektive gewinnen, die sich entwickelt und ausdehnt, aber so eng mit der menschlichen Ebene verwoben bleibt, daß sie innerhalb der Menschheit als dynamischer, kreativer Zündfunke wirkt. Christus gibt uns ein sehr gutes Beispiel. Er stellte sich der ganzen Menschheit zur Verfügung, lehrte aber innerhalb einer Gruppe. Zwölf Jünger und eine größere Anzahl von Anhängern bildeten den Kern innerhalb der Massen, die er ansprach. Aber es wäre ihm niemals in den Sinn gekommen, sich auf eine der Gruppen persönlich zu beziehen, etwa weil er sie als fähiger eingeschätzt hätte, eine klare Beziehung mit dem Göttlichen einzugehen. Christus lehrte uns, wie man von einer Persönlichkeitsebene aus eine Brücke zu jener unglaublich klaren Perspektive schlagen kann, die er zum Zeitpunkt seines Aufstiegs verkörperte.

Christus wies euch auf der Erde präzise an, wie man genug Liebe innerhalb der Persönlichkeitsebene verankert, um einen automatischen Brückenprozeß in Gang zu setzen, der euch erlaubt, alles, was die Menschheit erschaffen hat, zu akzeptieren und mit ihr zu teilen; ihr braucht keine nachteiligen Folgen für euch zu befürchten, weil irrtümliche Glaubenssätze behaupten, Christus habe gelitten. Natürlich hat er das nicht! Er hat eine Rolle gespielt. Er hat die Basis zu einer wichtigen Brücke gelegt, die von einem kleineren Zentrum hinüber in eine größere Perspektive reicht; sie erst läßt eine klarere, aus dem Herzen kommende Einschätzung darüber zu, was die Existenz wirklich ist.

Ihr alle bewegt euch aus dem Zentrum heraus, verliert dabei aber nicht eure Zentrierung. Ihr gewinnt immer wieder eine Perspektive, die sich in noch größere bereits bestehende Perspektiven bzw. Zentren einfügt. Nehmen wir an, du hast zweitausend Leben auf der Erde geplant; laß uns diese unabhängig von der sequentiellen Zeit betrachten, so daß wir sie nicht mehr getrennt sehen, was sie ja in Wahrheit auch nicht sind. Um das wirklich zu begreifen, müßten wir uns in das Konzept der parallelen und alternativen Wirklichkeiten einfühlen. Die einfachste und klarste Art, diese zweitausend Leben auf der Erde von einem zentralen Punkt aus anzusehen, besteht indes in folgendem Bilde: Stelle dir eine große Wasseroberfläche vor, meinetwegen einen See. Du schaust zu, wie zweitausend Steine zur gleichen Zeit an zweitausend verschiedenen Stellen ins Wasser geworfen werden. Die auf der Oberfläche auftreffenden und danach eintauchenden Steine erregen korrespondierende Schwingungen, die von jedem einzelnen dieser vielen Zentren ausgehen. Beobachte, was weiter geschieht. Die sich ausbreitenden Wellen überlappen sich in den Zentren, berühren einander, löschen sich aus oder verstärken sich gegenseitig, so daß unter Umständen eine größere Welle aufgeworfen wird. Begreifst du? Jedes Zentrum, das in unserem Beispiel die Persönlichkeitsebene in der physischen Struktur darstellt, wird zu einer starken Kontaktstelle, die mit Hilfe der Brücke, die zur Seelenebene geschlagen wird, eine klarere Perspektive entwickeln kann.

Laßt uns zum See mit jenen zweitausend Steinen und den Schwingungen, die von ihnen ausgehen, zurückkehren. Wenn du es sehen könntest, würdest du auf der Wasseroberfläche Energiemuster vorfinden, die wie Spinnennetze aussehen, Gewebe mit Energiezentren, Energieverbindungen und Energieflüssen. Deine physische Existenz ist buchstäblich von Energiebrücken umgeben, die dir zu sehen erlauben, daß du in deiner Ganzheit tatsächlich ein Persönlichkeitszentrum von etwas viel Größerem bist. Wenn wir dies wieder aus einer höheren Perspektive betrachten, entdecken wir wieder eine Vielfalt von Zentren innerhalb des Ganzen, von der die physische Existenz nur ein Bruchteil ist.

Du dehnst dich immer wieder bis an eine Grenze aus, an der deine konzeptionellen Fähigkeiten ihr umfassendes Verstehen in vollem Ausmaß erreicht haben. Meiner Ansicht nach besteht der ewige Fortschritt darin, immer wieder über die gegenwärtige Existenz hinauszugehen, sie aus größerer Höhe zu betrachten, und dann zu einer neuen Schleife anzusetzen. Wenn wir einmal das gesamte Sein aus jedem nur denkbaren Blickwinkel durchforscht haben, können wir das als ein neues Zentrum ansehen, von dem aus wir uns weiter erfahren und ausdehnen können. So ist eine Persönlichkeitsbrücke in Wirklichkeit eine Perspektive, die zu ihrer vollen Kraft erwächst und dann in ihrer Erkenntnis transzendiert wird, um sich einer viel größeren und umfassenderen Perspektive einzufügen. Du kannst dieses Prinzip in jedem Bereiche deines Lebens anwenden. Wann immer du etwas als zentriert und vollendet ansiehst, betrachte diesen Punkt als einen Neubeginn, von dem aus du dein Verständnis noch weiter ausdehnen kannst, um zu einer neuen, kreativen und konzeptionell vollständigeren Ebene zu gelangen.

Kapitel 15

SCHATTENSEITEN

Ich verwende diesen Ausdruck, weil ihr ihn benutzt; er gehört im Grunde nicht zu meinem Wortschatz. Ich sehe, daß die Schattenseite im Schatten liegt, d.h. im Dunkeln, weil du noch nicht erkannt hast, wie du sie durch dein Verstehen erleuchten kannst. Alles, was du noch nicht verstanden hast, fällt in den Schatten — und das nennst du negativ! Am problematischsten scheint dir der Machtbereich zu sein. Es gibt in diesem Buche ein Kapitel über die „Annahme deiner göttlichen Macht" (Kapitel 25); ich hoffe, daß du es liest.

Deine negative Seite besteht aus den Bereichen, die bislang von dir verborgen wurden, weil du diese Seite deines Wesens nicht annehmen konntest. Während einer längeren Phase der Evolution ist es kaum möglich, sich selbst objektiv zu sehen. Es ist schwierig, sich so zu sehen wie andere dich sehen. Sie nehmen dich als Ganzes wahr. Sie mögen sich dessen nicht bewußt sein, aber es ist so. Du hast nur die Teile deines Selbst im Blick, die du bisher erleuchtet hast. Du erlaubst dir nicht, deine Schattenseiten zu betrachten, weil sie noch nicht erhellt sind und du sie als die negativen Seiten deines Selbst ansiehst.

Nimm als Beispiel den Bereich der Herzensdinge. Du merkst ganz sicherlich, wenn du liebst, nicht wahr? Nun ja, manchmal ist das so. Aber du kennst noch längst nicht alle Ausdrucksweisen der Liebe, die möglich sind. So magst du anderen helfen, ohne darin einen Ausdruck der Liebe zu sehen. Du magst deinen Freunden vielleicht sogar gestehen: „Ich verstehe die Liebe nicht, ich fühle keine. Ich möchte sie gerne ausdrücken, doch ich weiß nicht einmal, was sie ist." Und dabei hast du möglicherweise am gleichen Tage einen Freund angerufen, von dem du weißt, daß es ihm dreckig geht, oder du hast jemandem einen Gruß gesandt, um ihm zu zeigen, daß du dich um ihn kümmerst. Dies sind ganz sicher Ausdrucksformen der Liebe.

Nun magst du einwenden: „So etwas tue ich nie. Ich rufe keinen an, ich schreibe keine Briefe. Ich lebe mein Leben, und darin, scheint mir, gibt es nicht viel Liebe." Ich würde dagegen sagen, wenn du dieses Buch liest, hast du ein offeneres Herz, als du dir eingestehen möchtest. Es ist wichtig für dich zu erkennen, daß das Liebeszentrum der Schlüssel ist, deine negativen Seiten aufzulösen.

Wenn Menschen in Horrorfilmen Massaker und alle möglichen Gewalttaten begehen, könnte man ihr Tun als ein Leben im Schatten bezeichnen. Sie sind derart aus dem Gleichgewicht geraten, daß sie ohne Achtung vor dem Leben handeln.

Doch es gibt andere Formen negativer Aktivitäten, die auf der physischen Ebene weit gravierender sind. In den Äonen eurer physischen Leben habt ihr den Verlust eures Körpers als die endgültig letzte Bedrohung empfunden. Das stimmt sicher nicht, doch im Massenbewußtsein ist es so verankert, und eure Filme spiegeln es getreulich wider.

Handlungen, die ethische Grundsätze verletzen, wie z.B. Machtmißbrauch, offenbaren eine noch tiefere Gewalttätigkeit bzw. Schattenseite im täglichen Leben; denn sie sprechen einem anderen vorsätzlich die göttlichen Rechte ab oder entziehen sie ihnen gewaltsam.

Was sind deine göttlichen Rechte?

Du hast als Teil des Ganzen das Recht, dein Verständnis über deinen Platz im Ganzen immer weiter zu erhöhen.

Du hast das Recht zu lernen, wie man sein Leben klar und in ganzer Fülle auf einzigartige Art und Weise gestalten kann.

Du hast das Recht, dein Leben zu genießen.

Du hast das Recht auf Mitmenschen, denen du beistehst, wenn sie dich darum bitten.

Du hast nicht das Recht, den schöpferischen Raum der anderen zu beschneiden oder den Versuch zu unternehmen, sie zu gängeln oder ihre Schaffenslust auf irgendeiner Stufe abzuwürgen.

Es hat Menschen gegeben, die anderen ihren kreativen Raum jenseits des Physischen genommen haben, und das ist eine sehr schwerwiegende Verletzung. Du kannst sicher sein, daß sie dafür bezahlt haben. So war das Verbrechen Hitlers an den Juden viel größer, als die Kugel eines Meuchelmörders anrichten kann. Hitlers Motiv war, eine ganze Rasse auszulöschen; dazu aber hatte er kein Recht. Sein Ziel war nicht auf die göttliche Macht ausgerichtet. Wenn man Vorrechte des Schöpfers in die Mitschöpferebene hinunterzieht, verhindert das den klaren Gebrauch göttlicher Macht.

Jeder von uns soll einmal ein vollendeter Schöpfer werden. Aber gegenwärtig sind wir noch nicht soweit, Entscheidungen wie der Schöpfer zu treffen. Wir brauchen die Unterstützung der Mitschöpferebene, der Menschheit. Uns steht nicht das Recht zu anzunehmen, daß wir schon für Entscheidungen reif sind, die in die göttlich kreativen Möglichkeiten anderer Menschen eingreifen. Das Universum hat für solche Versuche kein Verständnis, denn sie laufen dem Prozeß zuwider. Die wichtigste Beziehung, die du in Wahrheit hast, ist die mit deinem Schöpfer und seinem Plan.

Kapitel 16

DAS FREUNDSCHAFTSSYNDROM

Ich habe diesen Abschnitt das Freundschaftssyndrom genannt. Warum verwende ich diesen Ausdruck? Freunde werden manchmal als spezielle Gruppe angesehen, um die ihr euch kümmern müßt; sie hat die Kontrolle über euch, und ihr dürft nicht über sie hinausgehen. Viele glauben tatsächlich, daß sie auf einer Ebene stehenbleiben müssen, auf der sie von ihren Freunden bestätigt werden. Wenn du dich weiterentwickelst und das Wirklichkeitsverständnis deiner Freunde hinter dir zurückläßt, hast du das Gefühl, daß sie dich verurteilen werden; deine Verbindung zu ihnen wird lockerer werden, die Kommunikation wird einschlafen, und am Ende wirst du die verlieren, die dir lieb und teuer sind.

Das kann tatsächlich alles eintreten. Aber natürlich wirst du dafür Kontakte zu anderen gewinnen, es wird neue Freundschaften geben, neue Bande, und wenn diese größere Verständigungsbereiche umfassen, sind sie in der Tat befriedigender, freudevoller und anregender als die alten. Auf jeder Ebene gilt es eine Gruppe Gleichgesinnter zu finden. Es gibt unter Freunden ein tiefes Gefühl der Kameradschaft, gleich, ob du mit einem Freund allein oder mit einer ganzen Gruppe zusammen bist. Leute mit starken Gruppenprogrammierungen meiden jede Gruppe, gleich welcher Art; doch das behandeln wir in einem anderen Kapitel. Wichtig zu wissen ist, daß sich der einzelne unter Verwandten oder Freunden nicht im selben Tempo oder in dieselbe Richtung entwickelt wie die anderen; sie alle haben auch nicht immer die gleiche Bestimmung. Viele haben das Gefühl, daß unsere Entwicklung und unser Part im Plan das einzig Wichtige im Leben ist, und ich möchte das unterstreichen. Auch viele orthodox gesinnte Menschen der etablierten Religionen werden heller und lichter. Einige sind bereits Lichtarbeiter, andere sehr tolerant und bedingungsloser Liebe fähig. Auch wenn sie die Welt aus einer anderen Perspektive sehen — sie folgen einem anderen Axiom — sind sie trotzdem nicht anders als du oder gar getrennt von dir, es sei denn, sie wollen es so haben.

Wenn du nicht so programmiert bist, werden dich deine neuen Glaubenssätze auch nicht von deinen Freunden entfremden. Widerfährt es dir aber doch, dann nur deswegen, weil es im Massenbewußtsein eine Menge von Denkmustern gibt, die sich von deiner Auffassung unterscheiden, daß du dein eigenes Leben erschaffen und es nach Wunsch auch ändern kannst. Ein derartiges Konzept wird in deiner Welt nicht so leicht akzeptiert. Es widerspricht den Maximen der großen Weltreligionen. Zwar gibt es im Neuen Zeitalter eine wachsende Anzahl religiöser Gruppen wie Unity, Religious Science, Christian Science u.a., die einen Teil dieser Sichtweise in ihren Glauben aufgenommen haben, aber von den orthodoxen Religionen werden sie meist als Fremdkörper angesehen. So hängt es von der Herzöffnung des einzelnen und seiner Entwicklung ab, ob er diese Theorien als „falsch" einstuft. Hast du einen solchen Abwerter vor dir, segne ihn und lasse ihn in Frieden ziehen; auskommen kannst du nur mit einem, der sich offen hält. Denn die Kontakte, die du durch den Glauben des Neuen Zeitalters, durch deinen Kanal und deine Freundschaften mit Gleichgesinnten knüpfst, sind möglicherweise umfassender, wertvoller und liebevoller als die anderen. Du bewegst dich zu schnell, um dich mit den Zurückbleibenden wirklich wohlzufühlen. Es mag immer noch viele Berührungspunkte geben, die ihr miteinander teilen könnt, aber nur solange eure grundlegenden philosophischen Unterschiede euch nicht irritieren. Sie müssen nicht automatisch eine Barriere zwischen euch aufbauen.

Hab keine Angst vor Einsamkeit, weil du zu anderen Kreisen Kontakt gefunden hast. Du bekommst Verbindungen mit Wesen auf höheren Ebenen der Existenz, mit einigen lichteren Astralwesen und mit vielen spirituellen Lehrern. Und das sind wahrhaft tröstliche, warme, wunderbare Beziehungen. Andererseits halte weiter Verbindung mit den Menschen deiner Umgebung, akzeptiere ihre Unzulänglichkeiten und Programmierungen mit Anteilnahme und bedingungsloser Liebe. Unterstütze sie nach Möglichkeit. Hilf ihnen wahrzunehmen, was sie sich erschaffen, und sieh es für dich als eine interessante und anregende Erfahrung. Freundschaft ist sehr schön und wichtig, aber sind wir nicht alle Freunde, alle Glieder der Menschheit? Liebevolle Beziehungen erstrecken sich auf alles, was es gibt. Da ist niemand, von dem du nicht etwas lernen könntest. Es mag dich nichts angehen, was ihn leidenschaftlich interessiert, aber wenn du es symbolisch nimmst, kannst du eine Menge Wissenswertes entdecken, selbst wenn es um Spielen oder Pferderennen, um Bowling, Hufeisenwerfen, Essen oder Wandern geht. Jede dieser Aktivitäten setzt eine erhebliche Ausrüstung auf allen Ebenen voraus, so daß sich ein entwickelndes Wesen durchaus für sie interessieren kann. Mit jemandem zusammenzusein, der ganz anderen Neigungen nachgeht als du selbst, ist eine Zeitlang nützlich und auch wichtig; dein Mentalkörper wird es sehr genießen. Doch nimm dir vor, deinem Freunde ab und an etwas Neues anzubieten: neue Nahrung zum Verdauen, neue Konzepte zum Zusammensetzen, neue Perspektiven der Integration.

Steck deine Interessen so weit wie möglich ab. Nimm an allem Anteil, was die Menschen brennend beschäftigt, denn sie sind alle deine Brüder, Schwestern, Kinder, Eltern. Sie spielen alle dasselbe Spiel, nur mit unterschiedlichen Charakterrollen, und wenn du erkennen kannst, wie sich all diese Spiele zu einem großen Ganzen zusammenfügen, näherst du dich tatsächlich der Mitschöpferebene. Meide also keineswegs die Kontakte mit anderen Menschen. Jeder kann ein Freund sein, jeder kann dir Liebe spenden, du kannst jeden lieben, von jedem lernen oder jeden lehren; wenn ihr euch mit Worten nicht verständigen könnt, genügt das Herz. Gib dich dem Geschehen hin, errichte keine Barrieren, die dem freien Fluß im Wege stehen. Dir ist keiner fremd, kein Mensch, kein Tier, kein Mineral. Wir sind alle eins. Wir spirituellen Lehrer lieben euch alle gleich, wir halten jeden von euch für wertvoll und freuen uns über jede Entwicklung, in welche Richtung sie auch führen und wie schnell oder langsam sie vor sich gehen mag.

Denk daran, daß wir immer deine Freunde und immer für dich da sind, wenn du rufst.

Kapitel 17

UNTERSTÜTZUNG DURCH DIE MENSCHHEIT

Es gibt eine Form der Unterstützung, die viele nicht erkennen: Das ist die Unterstützung durch die Menschheit. Ob du nun Gruppenprogrammierungen hast oder denkst, daß die Menschheit nur aus Massenbewußtsein besteht, sie unterstützt dich trotzdem. Niemand existiert als Insel. Du magst dich in dein Zimmer einschließen und jede Kommunikation vermeiden, doch du brauchst dieses Zimmer — das von anderen gebaut wurde, du brauchst Nahrung — die von anderen gepflanzt, geerntet, verarbeitet und angeboten wurde, du brauchst Radio, Fernsehen, Licht, Strom, Wasser — deren Verteilernetze von anderen gelegt und unterhalten werden. Du kannst der Unterstützung durch die Menschheit kaum entgehen. Weigern kannst du dich lediglich, mit ihr über das Problem zu reden, aber auch das hältst du nicht allzulange durch. Die Menschheit ist eine einzige, machtvolle Wesenheit, ein ineinander verwobenes Gewebe, und je eher du dich als Faser in einem Faden dieses Gewebes erkennst, desto eher wirst du dich in der Umgebung glücklich fühlen und das Privileg dieses Prozesses schätzen können. Jeder spielt seinen Part und wirkt mit, dies Unternehmen im Bereich der Menschheit zu unterstützen.

Die anstehenden Aufgaben sind unterschiedlich in den verschiedenen Bereichen dieser Welt und natürlich auf den verschiedenen Planeten. Für die Erde gilt das Folgende: Die Menschheit ist das Bindeglied zwischen der Erde und den anderen Königreichen. Sie dient als Transformator für die höheren Energien der Hierarchie, die auf diese Weise die Erde erreichen, und erlaubt somit den Tieren, Pflanzen und Kristallen, ihren Beitrag zur Entwicklung der Erde mit größerer Effizienz zu leisten. Es gibt mehr als tausend Wege, die Menschheit zu unterstützen und von ihr unterstützt zu werden. Für alle Menschen, die andere Menschen unterstützen und die Unterstützung der Menschheit an die Erde weiterleiten, ist das eine Quelle des Glücks und der Zufriedenheit.

Während sich die Erde ihrer Einweihung in die vierte Dimension unterzieht, ist die Unterstützung durch die Menschheit besonders wichtig. Sie kann sich aber nur manifestieren, wenn sich die Menschen ihrer Macht und ihres Einflusses bewußt sind und sie annehmen. Ich sollte natürlich nicht sagen, daß sich die Unterstützung nur dadurch manifestiert, daß sie erkannt wird, denn sie manifestiert sich auch, wenn diese Annahme nur auf der unbewußten Ebene stattfindet. Aber wenn die Annahme völlig bewußt geschieht, kann das Licht viel wirkungsvoller zur Erde geleitet werden. Dann können die Lichtenergien zusammen mit den Bemühungen der Menschheit der Energiekrise, die jetzt auf der Erde waltet, Herr werden. Du weißt, daß viel mehr Energie zur Fortbewegung nötig ist als für das Stehen, und zur Zeit sind Erde und Menschen recht lebhaft in Bewegung. Alles auf eurem Erdenrund bewegt und ändert sich von Tag zu Tag, und deshalb braucht ihr sehr viel Energie. Diese Energie, mein Freund, steht zur Verfügung. Ihr müßt sie nur abrufen, zulassen und mit euren Nachbarn teilen. Dann steht euch eine Energie zu Diensten, die euch alle, die Erde, die Hierarchie und die Königreiche der Tiere, Pflanzen und Minerale aufs wirkungsvollste unterstützt.

Wisse also, daß du die Unterstützung der gesamten Menschheit genießt, wenn du bewußt mit ihr daran arbeitest, das Neue Zeitalter hervorzubringen und die geistige Evolution voranzutreiben. Diese Unterstützung existiert, ob sie nun als neuer Job, als Börsenspekulation oder als Erbschaft kommt.

Was auch immer dir den Reichtum bringt, immer steht die Menschheit Pate — und natürlich auch die Quelle. Sie versorgt die Menschheit über den Seelenstern mit Energie, kraftspendend und unerschöpflich. Mach dir bewußt, welche Gefühle du gegenüber der Menschheit hast. Liebst du sie, tauscht du dich mit ihr aus, schätzt du ihre unermüdliche Mitwirkung, oder mißtraust du ihr? Hast du Probleme, wenn du deinen Wagen zur Reparatur bringst? Gibt es Ärger, wenn du in einen Bus steigst, mit Kollegen arbeitest oder Auto fährst? Hast du manchmal das Gefühl, daß die Menschheit nur darauf aus ist, dich aufzubringen oder „über den Tisch zu ziehen"? Diese Projektionen unterbleiben, wenn du bedingungslose Liebe an all die Menschen aussendest, mit denen du zu tun hast. Dann wird es zum Rückfluß der Liebe kommen. Was macht es, wenn einige nicht fähig sind, die Liebe zu erwidern, du wirst immer noch genug von jenen unterstützt, die Liebe spenden können, weil du ihnen halfest, in ihrer Liebe zu wachsen. Das ist deine Bestimmung, denn du bist unvermeidlich auf die Menschheit angewiesen und sie auf dich. Zwar kannst du direkten Kontakten ausweichen, bei denen du dich unwohl fühlst, oder dich allein auf deinem Wege wähnen, aber das ist natürlich Illusion!

Nehmt jeden Menschen an, laßt jeden die ihm gemäßen Erfahrungen sammeln, enthaltet euch des Urteils über sie, es sei denn, euer Amt zwingt euch dazu. Schaut, wie die Erfahrungen zusammenpassen, die Glaubenssätze aus dem Vorrat des Massenbewußtseins, die jeder Situation zugrundeliegen. Helft den Menschen, ihre Dogmen, diese unproduktiven Muster des Kollektivbewußtseins, loszuwerden. Laßt das Erdenleben zu einer Erfahrung der Freude werden. Laßt euch auf die Freude ein. Sie sei euer Führer, ihr seid ihr Gehilfe. Zeigt der Menschheit, wie man als Seele auf der Erde lebt, wie man sich bewegt und liebt und Licht verbreitet. So führt ihr andere ins Neue Zeitalter!

Kapitel 18

MINDERWERTIGKEIT UND UNSICHERHEIT

Minderwertigkeitsgefühle gehören zu den vorherrschenden Widerständen bei allen, die eine spirituelle Entwicklung anstreben. Sie haben lange Zeit — früher wie heute — nahezu bereite Seelen vom Aufsteigen abgehalten.

Viele Menschen huldigen einem falschen Glaubenssatz, der die physische Existenz beschreibt: „Ich wurde von Gottvater, dem Schöpfer, verstoßen und zur Strafe an diesen wenig begehrenswerten Ort verbannt. Jetzt muß ich dem Vater beweisen, daß ich es wert bin zurückzukehren." Diese Vorstellung läßt sich in vielfältiger Abwandlung auf verschiedenen Ebenen in der Programmierung des Massenbewußtseins finden.

Viele kirchliche Institutionen bestärken den Menschen in dieser Verwirrung, indem sie ihn als Sünder hinstellen, der die Liebe des Vaters nicht verdient, es sei denn, daß er seine Schuld gesühnt hat.

Der kosmische Geburtsprozeß, die „Abnabelung" des Individuums von der Quelle, hat viele „Lichtfunken", von denen einige jetzt Teil der Menschheit sind, in die gerade beschriebene Verwirrung gestürzt. Bis dahin hatten sie den warmen, behaglichen, wissenden, sorgenfreien, sicheren und möglicherweise träumerischen Zustand der vollen Unterstützung durch den Schöpfer genossen, während der kosmischen Nacht beschaulich sinnend alles in sich aufgenommen. Als sie diesen „Schutzraum" verließen und in einen ihnen unbekannten, scheinbar gefährdeten und unbehaglichen Zustand übergingen, empfanden sie das als Diskrepanz.

Es war so wie bei der Geburt eines Kindes: Aus einer behaglichen, fließenden und unterstützenden Umgebung wird es in eine kalte, helle und laute Welt hineingeboren, wo es scheinbar alleingelassen ist, weil es die Verbindung mit der Mutter nicht mehr spürt. Es fühlt sich nicht mehr unterstützt.

Der tiefste Aspekt der Minderwertigkeit entsteht durch den irreführenden Glauben, daß ihr vor dem Schöpfer versagt habt und deshalb von ihm verstoßen wurdet. Vor dem Schöpfer zu versagen, scheint die äußerste Form einer Verfehlung zu sein, die größte *Sünde*. Sie wird von stärksten Schuldgefühlen begleitet, wie das bei Minderwertigkeitskomplexen oft der Fall ist. Sie werden durch den tiefverwurzelten Glaubenssatz genährt, daß euch die Schuld nie wieder vergeben werden kann und daß irgend jemand irgendwo lebt, der davon weiß, oder — als Variante — daß wirklich jeder weiß, wie wertlos ihr doch seid, obwohl ihr ständig danach trachtet, es so gut wie möglich zu vertuschen.

Starke Minderwertigkeitsgefühle haben auch die Menschen, die viele Erfahrungen auf der dunklen Seite hinter sich haben, oder jene, die nur auf eigene Macht bedacht waren und die Menschheit für ihre Zwecke mißbrauchten. Wenn sie „zurückkommen", erleben sie ein sehr starkes Gefühl der Minderwertigkeit, der Abgetrenntheit, der Leere und der Einsamkeit. Sie halten sich nicht für wertvoll genug, daß die Menschen ihnen vertrauen oder sie unterstützen, und sie erkennen in sich eine gewisse Unfähigkeit, sich selbst und andere zu lieben und sich mit dem Göttlichen zu verbinden.

In großem Ausmaß werden Minderwertigkeitsgefühle auch von den Menschen empfunden, die Liebe oder ihre göttliche Verbindung nicht annehmen können. Sie haben häufig starke Programmierungen bezüglich ihrer Entfremdung und Getrenntheit und einen Mangel an kommunikativer Verbindung mit der Menschheit und der Quelle. Diese Menschen öffnen in der Regel ihr Herz nur äußerst zögernd, um Liebe anzunehmen, werden aber häufig um Liebe, Fürsorge und Unterstützung angegangen. So glauben sie von sich, niemals genug zu geben. Sie geben unentwegt und bekommen nichts zurück, weil sie sich *minderwertig* fühlen. Als Gegenleistung ziehen sie Situationen an, die es ihnen gestatten, sich verraten zu fühlen, nur weil sie den Rückfluß der Liebe nicht annehmen können.

Diese Abwehr aufgrund der Minderwertigkeitsgefühle ist oft auch ein wesentlicher Faktor bei mangelndem Wohlstand. Viele denken, daß sie es nicht verdienen, in Saus und Braus zu leben. Sie müssen dem Vater, der Menschheit usw. ununterbrochen beweisen, daß sie die Fülle verdienen. Einige glauben, sie verdienen zwar genug zum Essen und zum Wohnen, aber sie dürfen sich keine Extras leisten, den Luxus von Reisen etwa oder wünschenswerte Unterhaltung. Viele fürchten auch, daß Reichtum ihrem spirituellen Leben schadet. Sie beweisen ihre Spiritualität dadurch, daß sie fast am Rande des Existenzminimums leben. Oft haben sie in anderen Leben einen Armutsschwur geleistet, der sie unbewußt noch immer bindet.

Die Unsicherheit dagegen ist nicht so sehr eine Programmierung in Bezug auf Wohlstand und Fülle, sondern entspringt einem tief verwurzelten Glaubenssatz, daß ihr niemals „genug" seid. Damit meine ich, daß ihr niemals genug wißt, um ein qualifizierter Lehrer zu sein, niemals wichtig genug seid, um anerkannt zu werden, oder gut genug, daß man euch zuhört, ernst nimmt, bestätigt, achtet oder als Leiter akzeptiert. Das sind diejenigen, die andere unterstützen, aber nicht führen, die eine Anerkennung für ihre hervorragende Arbeit nicht annehmen können. Deshalb erringen sie nur selten Vertrauen oder Anerkennung, denn sie projizieren ihre Unsicherheit und Minderwertigkeit nach außen. Das führt dazu, daß sie sich oft verraten fühlen und sehr viel Groll in sich hegen.

Unsicherheit hat ihre Grundlage im Bereich der Seele. Sie ist nicht so sehr ein Problem des Emotionalkörpers, sondern der Seele und des Mentalkörpers. Oft gibt es einen Seelenaspekt, der sich nicht fähig genug glaubt, der sich nicht einbringen mag, der verärgert und verunsichert in Bezug auf die gewählte Bestimmung ist und sich mit ihr nicht wohl fühlt. Dieser Widerstand, der fortwährend von der Seelenebene ausgeht, durchsetzt alle anderen Körper und verbreitet dort die gleiche Unsicherheit.

Es ist wichtig, daß du dir ansiehst, was du ausdrückst. Was unterläßt du, daß du eigentlich gern tun möchtest und wozu du auch in der Lage wärst? Die Ursache mag dann in einem Widerstand der Seele oder einem Druck-Zug-Syndrom im Bereich der freien Wahl liegen. Es mag ein starkes Verlangen vorhanden sein, dem kosmischen Plan auf eine bestimmte Art zu dienen, und ein tief verwurzeltes Gefühl, das in eine andere Richtung zielt, die wichtiger scheint. Schau dir auch an, für welches Tun du keine Anerkennung findest. Was würde geschehen, wenn du diese Anerkennung und Bestätigung bekämest? Manchmal kannst du entdecken, daß du dich scheust, Verantwortung zu tragen oder gesehen zu werden, wenn du etwas machst, das dir Anerkennung und Bestätigung einbringt. Das führt uns in einen weiteren Bereich hinein, der in einem anderen Abschnitt erörtert wird.

Minderwertigkeit und Unsicherheit gehören zu den wichtigsten und tiefsten Störungen, unter denen ihr leidet; wenn ihr aber erst einmal den dazugehörigen Widerstand gefunden und beseitigt habt, erreicht ihr sehr schnell eine neue evolutionäre Stufe.

Kapitel 19

ELTERN-KIND-BEZIEHUNG

Du hast vielleicht noch nicht erkannt, daß das Leben deiner Eltern begrabene, nicht akzeptierte oder nicht erkannte Glaubenssätze über deine Beziehung zur Quelle widerspiegelt. Dies ist keine negative Aussage. Die wunderbaren Augenblicke, die du mit den Eltern teiltest, reflektieren deine positiven Glaubenssätze über die Quelle. Die Beziehung zu deinen Eltern zeigt dir jeden Augenblick synchron, wie deine Beziehung zur Quelle aussieht und wie du sie ins reine bringen kannst.

Ihr habt oft Eltern, denen es schwerfällt, die neuen Perspektiven oder Veränderungen in euren Leben hinzunehmen. Sie spiegeln die Unfähigkeit der älteren Generation, sich den schnellen Veränderungen anzupassen. Und du fragst dich sicher, was das für dich bedeutet. Es besagt, daß es keine Möglichkeiten gibt, den Prozeß der ständigen Veränderungen dadurch zu verlangsamen, daß sich die alten Erfahrungen dagegen stemmen.

Was ich damit meine, ist folgendes: Wenn dir erlaubt wird, eine neue Perspektive zu beginnen, ob auf der Quellebene oder in deinem Leben, wirst du geführt. Als du auf die Erde kamst, erhieltest du deine Eltern als Führer. Sie trafen mit dir folgende Verabredung: „Ich bringe dieses Wesen auf die Erde, in die physische Existenz, und ich werde es anleiten, bis es sich voll auf diese neue Ebene eingestellt hat." Das letzte ist ein wichtiger Punkt, den die meisten von euch übersehen. Er steht eurer Sichtweise entgegen, die besagt: „Wenn ich eine Stufe der göttlichen Reife erreicht habe, auf der ich mich zu Hause fühle, muß ich an ihr festhalten. Wenn ich diesen Ort verlasse, werde ich heimatlos sein." So spiegeln dir deine Eltern die eigene Unfähigkeit zur Wandlung; aber wer kann den steten Wandel schon aufhalten!

Schau, wie die Quelle dich immer wieder inspiriert. Aber du siehst die Quelle, wie sie war, nicht wie sie ist, und das ist interessant. Die Quelle ist nicht Teil der sequentiellen Zeit, aber auf sie ausgerichtet, sie drückt sich in ihr aus. Du erinnerst die undifferenzierte Quelle so, wie sie war, als du aus ihr gekommen bist; dieser Zustand ist in deinem Gedächtnis aufgezeichnet. Du erkennst die Quelle nicht, wie sie jetzt ist, denn sie entwickelt sich durch dich weiter. Du hast diesen Prozeß noch längst nicht voll durchschaut, du hältst an der Quelle fest, wie sie in deiner Erinnerung ist. Aber allmählich läßt du das Bedürfnis gehen, sie so haben zu wollen, wie sie war, und akzeptierst sie Schritt für Schritt als das, was sie zu jedem Zeitpunkt wirklich ist: als ein wachsendes, sich änderndes umfassendes System, an das du angeschlossen bist und durch das du dich entwickelst. Ich möchte damit sagen, daß du durch die Quelle wächst und sie durch dich. Dieser Wachstumsprozeß geht unbeirrt vonstatten, ob du ihn wahrnimmst oder nicht. Er ist nicht aufzuhalten.

Du bist mit deinen Eltern emotional verbunden. Vielleicht fühlst du Ärger, Verlust und Frustration, aber, wenn du tief genug in dich hineingehst, auch Liebe, Dankbarkeit und Anerkennung. Das magst du nicht immer einsehen, aber es ist trotzdem so. Mit dem himmlischen Vater steht es umgekehrt. Du erkennst dankbar seine Liebe und begräbst die Enttäuschung und den Ärger. Die Quelle und die Eltern sind Teile derselben Sache — deiner Beziehung zur Quellebene. Ich möchte dir empfehlen, die Beziehung zu deinen Eltern realistisch zu betrachten, nicht wie du sie von früher her erinnerst, sondern wie du sie jetzt siehst. Das wird den Bereich der Beziehung anzeigen, in dem du dich gerade weiterentwickelst.

Nun, es ist schon wichtig, wie das war, als du geboren wurdest, und was damals die wichtigsten Merkmale im Leben deiner Eltern waren. Aber es ist noch wichtiger dahinterzukommen, wie die Beziehung jetzt ist. Du magst sagen: „Meine Eltern sind tot." Aber ich sage dir: „Die Beziehung zu deinen Eltern lebt. Mach dir klar, was du von diesen Eltern hältst, gleichgültig, ob sie auf der Erde weilen oder nicht." Sicher mag es leichter sein, wenn sie irdisch noch präsent sind, aber vorstellen kannst du dir auf jeden Fall, wie du dich jetzt gegenüber deinem Vater oder deiner Mutter fühlen würdest und was dir das spiegelt. Was hätten sie dir zu sagen? Wie wäre eure Beziehung jetzt? Wenn sie noch hier unten leben, sieh dir an, was sie gewählt haben, was in ihrer Entwicklung jetzt am wichtigsten ist und was dir das spiegelt. Es kann dir helfen, einige deiner tiefsten Ängste, deine Wut oder deine Gefühle gegenüber deinen Eltern anzuschauen, denn sie spiegeln deine Verbindung zur Quellebene.

Die Beziehung zu deinen Eltern ist also sehr, sehr wichtig. Das haben auch die traditionellen Psychologen und Psychiater herausgefunden. Der einzige Unterschied zwischen ihrem und meinem Ansatz besteht darin, daß ich die Eltern-Kind-Beziehung als Reflektion einer höheren Ebene ansehe. Wenn du also eine Therapie durchgemacht hast, nimm dir noch einmal vor, was du über die Beziehung zu deinen Eltern gelernt hast, und übertrage es auf diese Ebene. Du wirst dadurch deine Beziehung zu den dynamischen und rezeptiven Energien der Quelle viel klarer erkennen können.

Kapitel 20

KOMMUNIKATIONSBLOCKADEN

Kommunikation ist lebenswichtig und unentbehrlich für die Evolution. Sie ist buchstäblich der Fluß zwischen den verschiedenen Aspekten der Quelle, durch die sie sich selbst weiterentwickelt. Wenn du in deiner Kommunikation blockiert bist, gestehst du dir selbst nicht zu, den Vorteil zu nutzen, der in der Verbindung zu anderen Perspektiven besteht und der bewirkt, daß alle an der Kommunikation Beteiligten sich erweitern und entwickeln.

Kommunikation schafft die Verbindung zu dem Wissen, das du suchst. Manchmal schneidest du aber den Kommunikationsfluß wegen irgendwelcher Emotionen ab, so daß das System zusammenbricht. Derartige Emotionen können Überlastung oder Überwältigung sein, Angst, Verlust, Ärger, Wut, Schock oder Frustration. Sie scheinen dich vom Fluß der Kommunikation abzutrennen. Ich sage „scheinen", denn natürlich ist es gar nicht möglich, die Verbindung einfach abzubrechen, aber du kannst bewußt die aktive Teilnahme am Verkehrsfluß aufgeben. Du weißt und akzeptierst, daß du immer mit Lebenskraft versorgst wirst. Du bist rings von ihr umgeben, in sie eingetaucht. Du kannst diesen Fluß nicht einfach abschalten. Aber es kann schon sein, daß du ihn nicht erkennst oder nicht weißt, was du mit ihm anfangen und wie du ihn integrierend nutzen kannst. Mit anderen Worten: Du mußt das, was der Kommunikationsfluß dir einbringt, in dein eigenes Verstehen integrieren, damit es dich in deiner Evolution vorantreibt.

Wenn du starke Muster auf einem bestimmten Felde hast, dann geschieht es oft, daß du im Gespräch über diese Programmierung einiges buchstäblich nicht mitbekommst. Ganz sicher *hörst* du es, aber du bist nicht in der Lage, es zu benutzen; es paßt nicht in deine Glaubensstruktur. Das hat folgenden Grund: Nimm an, du hast dich gerade von einem Polaritätspartner getrennt und fühlst nun einen großen Verlust. Du bist traurig, weinst und gerätst völlig aus dem seelischen Gleichgewicht. Jemand kommt zu dir, legt seine Arme um dich und sagt: „Du wirst schon wieder einen neuen finden, einen, der mindestens so gut ist wie der alte, der dich liebt und den du lieben wirst." Hörst du das? Nun, auf einer gewissen Ebene schon, aber du bist nicht in der Lage, wirklich wahrzunehmen, was gesagt wurde, und diese klare Erkenntnis auf dich anzuwenden, weil du nämlich unfähig bist, die Einbuße zu verschmerzen. Normalerweise ist es der Emotionalkörper, der sich an eine bestimmte Perspektive klammert und unfähig ist, über sie hinauszugehen.

Natürlich gibt es Hoffnung. Sie liegt darin, die spezifische Emotion, die in unserem Beispiel das Verlustgefühl ist, aufzugeben. Mindestens kannst du genug davon abtragen, um der Kommunikation ein Tor zu öffnen, so daß du auf jemand anderen oder auf deine eigene mentale oder spirituelle Perspektive hören kannst. Sie mögen dir erklären, daß du nicht wirklich etwas verloren, sondern eine bestimmte Perspektive umfassend genug verstanden hast, daß du sie also jetzt aufgeben kannst. Ich behaupte selbstverständlich nicht, daß du eine Beziehung loslassen mußt, um sie verstehen zu können. Aber vielleicht mußt du in jeder Partnerschaft von Zeit zu Zeit einen Teil des Beziehungsflusses und dessen Wirkung auf dich gehen lassen, um zu einer klareren Sicht zu kommen. Jede Beziehung muß immer wieder etwas loslassen, damit ein Neuanfang ermöglicht wird.

In diesem Leben ist Kommunikation unbedingt lebensnotwendig. Du hörtest vielleicht von Experimenten mit Babies, denen man jede Möglichkeit zur Kommunikation entzogen hatte. Sie wurden allmählich immer schwächer und reagierten zuletzt nicht mehr auf das Leben. Leben ist Kommunikation! Das bedeutet keineswegs, daß du ständig von Menschen umgeben sein mußt, sondern einfach, daß du dich besser fühlst, wenn bewußte Kommunikation Teil deines Lebens ist. Jeder von euch hat als Teil seiner Gruppenprogrammierungen buchstäblich eine Kommunikationsblockade, entweder ein Gefühl, daß in einer Gruppe so viel Kommunikation abläuft, daß er nicht alles aufnehmen kann, oder — und das ist ein weit verbreiteter Glaube — daß die Kommunikation in einer Gruppe niemals klar genug ist, um aufgenommen werden zu können, denn es gibt zu viele Gesichtspunkte, die niemals miteinander übereinstimmen.

Ein Gruppenkonsens oder eine Gruppenentscheidung besteht aus den unterschiedlichsten Meinungen, die zusammengekommen sind und innerhalb einer bestimmten Situation eine Art Ordnung schaffen. Das bedeutet nicht, daß die Gruppenmitglieder keinen eigenen Gesichtspunkt haben oder ihn gar aufgeben, weil das für den Gruppenkonsens unbedingt notwendig ist. Wenn du deine eigene Sichtweise verdrängst, weil deine Gruppe zu einem Ergebnis gekommen ist, mit dem du nicht übereinstimmst, werden diese begrabenen emotionalen Reaktionen irgendwann zum Hindernis, die Gruppenentscheidung wirklich mitzutragen. Du stimmst nur widerwillig zu und fühlst dich in Hinblick auf die Gruppenentscheidung unbehaglich. Das blockiert den Kommunikationsfluß zwischen dir und der Gruppe. Du bringst dich in eine Verlustsituation und untergräbst den befriedigenden Kontakt mit der Gruppe. Ein Gruppenkonsens oder eine Gruppenentscheidung ist in Wirklichkeit eine Sache des gegenseitigen Verstehens. Du siehst, daß es einen kreativen Fluß gibt und daß du auf deinem Wege eine einzigartige Perspektive bist, die, solange du auf der Erde lebst, für dich gültig bleibt. Aber sie kann gelenkt werden und sich in einen Gruppenkonsens einfügen, solange er dich nicht gängelt, unter Druck setzt oder dich von deinem einzigartigen kreativen Abenteuer, das du zur Zeit auf der Erde erfährst, trennt oder abbringt.

Wir könnten uns das jenseits der Erde auf eine etwas andere Weise ansehen, aber in diesem Kapitel möchte ich mich auf die Erderfahrung konzentrieren. Gruppen gehören zum Neuen Zeitalter, und voll in eine Gruppe integriert zu sein ist ein Ziel, das buchstäblich jeder von euch zu verwirklichen sucht. Du magst das nicht erkennen und mir einwenden: „Ich habe dieses Ziel absolut nicht." Und ich antworte dir: „Noch nicht." Deine Seele ist nicht individuell, ich wiederhole, deine Seele ist kein Einzelwesen — sie ist Teil eines Gruppenausdrucks und hat die Aufgabe, einen Aspekt der Gruppe auszudrücken, ist aber in diesem Ausdruck nicht individuell. Sie ist einzigartig innerhalb der Gruppe, aber nicht individuell. Du magst sagen, daß das ein feiner Unterschied oder einfach Haarspalterei ist. Aber meiner Ansicht nach liegt der Unterschied zwischen Einzigartigkeit und Individualität darin, daß du im ersten Fall ein Teil von etwas Größerem bist, während du im anderen Fall die volle Verantwortung für alles ganz allein trägst. Die individuelle Perspektive setzt dich unter Druck, indem sie sagt: „Ich muß alles alleine tun, ich bin alleine verantwortlich dafür, ich kann es auf niemand anderen schieben."

Einige von euch, die ihrer Bestimmung dienen, wollen andere unterrichten oder ihnen helfen, ohne die Gruppenbedürfnisse zu berücksichtigen. In diesem Falle dient die Menschheit als Gruppe. Sie wissen, daß die Menschheit Hilfe braucht, und sie möchten helfen; das ist ihr erklärtes Ziel. Aber *wie* nur? Der Grund für ihre Unerfahrenheit liegt darin, daß sie sich noch nicht auf den Gruppenausdruck, den Gruppenfokus, eingestimmt haben, der ihnen schon klarmacht, *was* zu tun ist. Es ist unergiebig, Taktiken zu wiederholen, die zwar von grundlegender Bedeutung für die

Menschheit sind, aber von bestimmten Gruppen bereits angewendet werden. Das ist Energievergeudung. Verschwendet sich die Quelle damit selbst? Natürlich nicht, ich spreche hier doch von der rein individuellen Ebene! Und auf der schmälert die fortwährende Betonung nur eines Unterstützungssystems die volle Kommunikation, die jetzt denkbar ist, ja sie blockiert sie am Ende gar. Du magst dir das so verdeutlichen: Es gibt das Gesetz der abnehmenden Gegenleistung — einigen von euch mag das bekannt vorkommen. Du steckst viel Energie in eine Sache, doch wenn du einen bestimmten Punkt erreicht hast, macht es keinen Sinn mehr, noch mehr Kraft zu investieren, denn das, was du dafür zurückerhältst, steht in keinem Verhältnis mehr zum Aufwand. Darauf will ich hinaus, wenn ich über Kommunikation durch einen Gruppenfokus spreche. Zehntausend Gruppen, die den Transformationsprozeß unterstützen, können unendlich viel mehr erreichen als zehn Millionen individueller Perspektiven, die sich überschneiden und manchmal sogar die zehntausend umfassenderen Gruppenperspektiven stören und behindern.

Die Kommunikation führt zu einer klareren Perspektive, zum zentralen Gruppenausdruck. Wir versuchen uns nun auf die Gruppe, die man die Mitschöpferebene nennt, einzuschwingen. Indem wir uns zusammentun und innerhalb eines Gruppenfokus kommunizieren, entsteht schrittweise eine Verbindung, die euch nicht überwältigt, sondern allmählich in eine grenzenlose, kreative Freiheit führt, so daß ihr imstande seid, euch auf der Mitschöpferebene vollkommen auszudrücken. Ich höre buchstäblich eure Reaktion darauf: „Was meinst du denn damit? Wenn ich in eine Gruppe gehe, verliere ich meine Freiheit, in einer Gruppe kommt es nie zum Konsens!" usw. usw. Aber seht ihr denn nicht ein, daß eine Gruppe jetzt dringend die alten Verhaltensmuster aufzuarbeiten hat, um die kommunikativen Blockaden endlich loszuwerden? Erkennt ihr nicht, daß der wahre Schlüssel zu einem Gruppenausdruck die Kommunikation ist, d.h. die Bereitschaft, sich mit jedem Mitglied der Gruppe im Rahmen der vorgegebenen Spielregeln auszutauschen? Ladet zu Gruppentreffen ein, wählt Gruppensprecher oder sucht nach Wegen, das Gespräch in Gang zu halten!

Dein Emotionalkörper muß natürlich dazu bereit sein, und so scheint es mir ganz dringend, den Bereich der Kommunikation zu klären, einschließlich der emotionalen Fähigkeit, anderen ruhig zuzuhören. Ich halte es für lebenswichtig, Kommunikation bewußt entgegenzunehmen, gleich in welcher Form sie kommt und ob du dich mit ihr anfreunden kannst, ohne deinen Emotionalkörper zu vergewaltigen. Anderenfalls werden die Emotionen begraben, gleichgültig ob es nun dein spiritueller Körper, dein Mentalkörper, ein Polaritätspartner oder ein größerer Gruppenausdruck ist, der dich unter Druck setzt und zum Opfer oder Märtyrer macht. Aber die Gefühle bleiben nicht in der Grube. Sie entwickeln langsam einen Unwillen gegenüber der Gruppe, der früher oder später zu Tage tritt, manchmal so heftig, ja explosiv, daß die Gruppe auf der physischen Ebene buchstäblich auseinanderfällt. Aber selbst in diesem Falle kannst du dich von deiner Elementargruppe, der Mitschöpferebene, nicht wirklich trennen.

Kommunikation ist der Schlüssel zu jeder Art von Klärungsprozessen. Gehe tief in dich hinein. Erlaube dir, während des Prozesses mit deinem Emotionalkörper zu kommunizieren, gib ihm ausreichend Zeit. Laß ihn seine Gefühle ausdrücken, auch wenn dieser tiefsitzende Unwille an die Oberfläche drängt; laß die Welt, die Angst, die Furcht vor dem Verlust heraus — es sind deine Kommunikationsblockaden. Wenn du in ihnen herumstocherst, sie anerkennst und deinem Emotionalkörper eine Chance gibst, seine Gefühle darüber sprechen zu lassen, bist du dabei, einen klareren Gruppenausdruck zuzulassen, der in diesem Umfang vorher vermutlich nicht möglich gewesen wäre.

Kapitel 21

DER PHYSISCHE KÖRPER

Du hast einen physischen Körper, und er repräsentiert buchstäblich eine universelle Ebene des Lernens. Er ist ein Universum, das dir zeigen kann, wie gut du die Schöpfung verstehst. Deine Seele bringt Teile ihres Selbst auf die physische Ebene und versieht sie mit einer Blaupause. Während du im Mutterleib bist, versorgt die Seele diese Blaupause mit Energie und versucht, ihre eigene Struktur auf der pysischen Ebene aufzubauen. Aber die Glaubenssätze, die du gebildet hast, während du durch unendlich viele physische Strukturen gegangen bist, überlagern den Prozeß. Wie ich schon sagte, deine physische Struktur repräsentiert in Wirklichkeit die universelle Ebene der Schöpfung. Kein Werkzeug könnte geeigneter sein, um den kreativen Prozeß zu verstehen. Die Quelle hat uns und dir in ihrem Plan die Fähigkeit verliehen, alle Vorgänge durch ein erweitertes Verständnis deines physischen Körpers zu begreifen.

In diesem Abschnitt möchte ich dir die Bedeutung bestimmter Teile deines Körpers mitteilen. Diese Aufstellung kann dir helfen, deine physische Struktur zu verstehen. Alle Glieder und Organe sind miteinander verbunden, und du magst verschiedene von ihnen anschauen, um die Universalität dessen zu verstehen, was dein physischer Körper dich lehren will.

1 — *Polaritätsgleichgewicht:* Die linke Seite deines Körpers repräsentiert die empfangende (rezeptive) Energie oder den weiblichen Aspekt, die rechte den dynamischen oder männlichen.

2 — *Kopf:* Der Kopf steht für den göttlichen Plan, den du aufstellst, oder besser gesagt, der sich durch dich aufstellt.

3 — *Hals und Nacken*: Hals und Nacken bilden die Verbindung, die den Plan zur Manifestation bringt.

4 — *Rumpf:* Der Rumpf repräsentiert die Manifestation.

5 — *Arme und Beine:* Deine Arme und Beine stehen für die Bewegung des manifestierten Plans.

6 — *Füße:* Deine Füße bedeuten dein Verständnis des Plans und des Lebens sowie die Grundlage, auf der du die unbegrenzte Manifestation des Plans annimmst.

7 — *Gelenke:* Die Gelenke deines Körpers machen die geschmeidige Fortbewegung aus sowie die Anpassungsfähigkeit im Ablauf deiner Evolution.

8 — *Die fünf Sinne:* Augen, Ohren, Nase, Haut und Zunge bringen aus ihrer jeweiligen Sicht die göttliche Annahme dessen, was du bist, zur Geltung. Du bist bereit, den nächsten Schritt in deinem Schaffen anzusehen. Du bist bereit zu hören, welche Möglichkeiten dir geboten werden. Du spürst die Existenz als eine Manifestation von Gelegenheiten und nimmst sie

physisch wahr. Der Geschmack hat im allgemeinen mit der Akzeptanz deiner Stärken und Fähigkeiten zu tun und wie du sie in deinem Leben umsetzt. Der Geruch bringt dich gewöhnlich deiner Stärke näher; das Aroma der Stärke reizt dich, sie zu gebrauchen und in dich aufzunehmen. Das ist natürlich symbolisch gemeint.

9 — *Elektrischer Fluß:* Er repräsentiert innerhalb der physischen Struktur den Fluß der Seele und ihre elektromagnetische Energie. Je mehr elektrische Eigenschaften du in deiner physischen Struktur zuläßt, desto mehr wird dich die Seele leiten.

10 — *Haut:* Die Haut repräsentiert Unterschiedliches. Wenn sie blutet, sich entzündet oder Ausschlag hat, bedeutet das in der Regel, daß einer deiner tiefsten Bereiche an die Oberfläche kommt und kurz davor steht, ganz befreit zu werden. Das ist natürlich eine Verallgemeinerung, es mag durchaus Varianten geben. Die Haut als ein sensibles Organ hält alles andere zusammen. Sie steht symbolisch für eine zusammenhängende integrative Struktur im göttlichen Sinne.

11 — *Blut:* Das Blut verkörpert den Fluß auf physischer Ebene. Es symbolisiert den evolutionären Prozeß der Seele und ihrer Blaupause. Mit anderen Worten: überlebte Verhaltensmuster aufzugeben, dafür steht das Blut als Symbol.

Hier ein Beispiel: Du hast dir zu erreichen vorgenommen, daß der physische Fluß die Elementarteile der Existenz, die sogenannten Bausteine, in der Weise zur Verfügung stellt, daß für deine physische Struktur so etwas wie ein ewiges Leben entstehen kann. Anders ausgedrückt: der Alterungsprozeß wird dadurch aufgehalten, daß du bestimmte Elemente in deine physische Struktur einfügst, um die Produktion gewisser Hormone zu stimulieren, die das gesamte endokrine Drüsensystem und alle Funktionen des physischen Körpers anregen mit dem erklärten Ziel, eine dauerhafte und doch entwickelbare Struktur zu akzeptieren.

Immer wieder habt ihr euch neue physische Strukturen auf der Erde zugelegt. Den Alterungsprozeß habt ihr in das System buchstäblich eingebaut. Ihr müßt diesen Prozeß jetzt Schritt für Schritt umkehren, um den Alterungsprozeß rückgängig zu machen. Das ist zum Beispiel dadurch möglich, daß ihr euch alle Funktionen innerhalb des physischen Körpers genau anseht und die Widerstände aufarbeitet, die dort noch immer nisten. Tatsächlich ist der Alterungsprozeß ein Symbol dafür, daß ihr — fälschlicherweise natürlich — annehmt, die Evolution finde durch sich immer wiederholende Muster der Zerstörung statt.

12 — *Knochen:* Das Skelettsystem deines Körpers repräsentiert die Struktur, die du auf der physischen Ebene benutzt. Du brauchst ein starkes, gut ineinandergreifendes Gefüge, damit du auf sicherer Lebensbasis deine Entscheidungen fällen kannst.

13 — *Wirbelsäule:* Im Bereich der Wirbelsäule gibt es viele Widerstände. Der untere Rücken signalisiert meist ein Problem der (mangelnden) Unterstützung, das Rückenzentrum eine strukturell falsche Ausrichtung, vielleicht Starrheit allgemein. Das obere Rückenzentrum, das mit dem Herzen verbunden ist, deutet auf einen Widerstand, sich den Herzqualitäten zu öffnen. Der obere Rücken einschließlich der Schultern und Oberarme weist auf strukturellen Widerstand, der oft von einer zu raschen Evolution und dem falschen Glaubenssatz herrührt, daß die Struktur dieser Entwicklung nicht standhalten kann.

14 — *Das endokrine Drüsensystem:* Das endokrine Drüsensystem liefert vermutlich die umfassendste und hilfreichste Symbolik zum Verständnis der physischen Struktur. Ich möchte im folgenden jede Drüse einzeln vorstellen; du kannst es nutzen, um allen möglichen Widerständen auf die Spur zu kommen.

— *Zirbeldrüse (Epiphyse):* Die Zirbeldrüse repräsentiert mit ihren Widerständen oft ein *Mißverständnis* über die göttliche Verbindung. Meist wird auf einer tiefen Ebene erkannt, daß diese Verbindung existiert, aber es mangelt am Verständnis über die Bedeutung, weil der Mentalkörper mit seinen konzeptionellen Fähigkeiten innerhalb des Selbst noch nicht voll genutzt wird. Die Zirbeldrüse könnte man als den Integrator der göttlichen Verbindung in das Vier-Körper-System bezeichnen.

Wenn diese Verbindung innerhalb des Glaubenssystems noch nicht als Bestandteil der Struktur bestätigt ist, fühlt sich der Emotionalkörper nicht unterstützt, obwohl die Verbindung als vorhanden anerkannt wird. Im physischen Körper mag die Blockade gewöhnlich im Herzbereich wahrgenommen werden, ebenso oft aber auch zwischen dem Kehlkopf und dem Herzen.

— *Hirnanhangdrüse (Hypophyse):* Auch sie ist ein Integrator. Man könnte jedoch sagen, daß sie sehr damit zu schaffen hat, den inneren Ausdruck oder die Seelenbestimmung mit dem äußeren, von den physischen Augen abhängigen, Ausdruck in Übereinstimmung zu bringen.

Hellsichtigkeit, d.h. die Fähigkeit, auf der inneren Ebene zu sehen, wird in der Hypophyse entwickelt. Dann wird sie meist zum Tor, durch das die Schönheit und die göttlichen Möglichkeiten der inneren Ebene die äußere Welt betreten. Blockaden in der Hirnanhangdrüse zeigen an, daß man Schönheit und Harmonie im äußeren Leben nicht sehen und annehmen will und daß man unwert ist, ein Werkzeug des Göttlichen zu sein, das vollkommen schön und harmonisch ist.

Die Hirnanhangdrüse befaßt sich außerdem unmittelbar von der Seelenebene aus mit dem Feuerelement. Das hat sicher auch Auswirkungen auf die Zirbeldrüse, aber Symptome dieser Blockaden treten in der Regel in der Hirnanhangdrüse auf. Sie nimmt das Feuerelement auf, um die Evolution, das Verstehen, die dynamischen Qualitäten des Lebens, den elektrischen Fluß und die magnetische Energie der Seele in Beziehung zum Feuerelement anzuregen. Die Widerstände der Hirnanhangdrüse müssen von jedem untersucht werden, der in der Stirngegend, insbesondere zwischen und kurz über den physischen Augen unter Kopfschmerzen leidet. Wenn dort ein mitunter schmerzhafter Druck empfunden wird, zeugt das weniger von einem Widerstand als vielmehr von einer sehr aktiven dynamischen Verbindung mit der Seelenebene. Nur bei einem extremen Schmerz liegt ein Widerstand vor. In jedem Fall ist die Tatsache, daß man eine Bewegung im Dritten Auge spürt, ein sicherer Hinweis darauf, daß die Verbindung mit der Seele im positiven Sinne in Bewegung ist.

— *Nebenschilddrüse und Schilddrüse:* Es gibt kaum gesichertes Wissen über die Nebenschilddrüse; an dieser Stelle führe ich sie zusammen mit der Schilddrüse auf. Beide leisten Widerstand, deinem persönlichen Willen zu erlauben, auf die Ebene des göttlichen Willens zu gehen und sich ihm einzuordnen oder hinzugeben. Wenn du versuchst, deinen persönlichen Willen an der höheren Ebene auszurichten, kommst du immer wieder zu falschen Schlußfolgerungen: Du hast Angst vor der Zerstörung, vor Verlust und Entfremdung, du befürchtest, aufgeschluckt, überfahren oder übernommen zu werden, dabei kannst du dich auf der göttlichen Ebene gar nicht verlieren. Dies ist einer der wichtigsten Widerstände, den ihr jetzt auf der Erde bearbeitet; ich habe mich zu diesem Thema seit der Harmonischen Konvergenz an anderer Stelle ausführlich geäußert. Seit diesem Zeitpunkt existieren viele verschiedene Arten von Basiselementen, die sogenannten Partikel, die euch als physische Bausteine zur Verfügung stehen. Auf der physischen Ebene gelangen diese Partikel, die eure Wissenschaftler gerade erforschen, in eure Schilddrüse; die Nebenschilddrüse hat sie bereits entdeckt. Das ist möglich durch eure Fähigkeit, die neuen Partikel an dieser empfindlichen Stelle eures endokrinen Drüsensystems physisch aufzunehmen.

Manchmal wird solch ein neues Element vom Körper als *Eindringling* angesehen. Es trägt das Stigma des Unbekannten, Überwältigenden, Aggressiven, des Evolutionsdrucks, der so mächtig ist, daß man sich ihm nicht gewachsen fühlt. Im Prinzip geht es um die Angst vor einer neuen Ebene, um die Sorge, vernichtet oder der Freiheit beraubt zu werden — Freiheit wird hier zum wichtigen Maßstab. Daneben haben Schild- und Nebenschilddrüse mit der freien Wahl zu tun. Im Grundverständnis des Evolutionsprozeses trifft deine Seele die wichtigsten Entscheidungen. Aber du auf der physischen Ebene hast Wahlmöglichkeiten, du kannst bestimmen, wann und wie du die Ziele deiner Seele in die Tat umsetzt. Es gibt immer Alternativen, du kannst auf deine Art mit dem Flusse deiner Seelenbestimmung fließen. Wenn du eine wichtige Entscheidung zu treffen hast, mag die Nebenschilddrüse leicht aufgestört werden. Immer symbolisiert das Kehlkopfchakra Hingabe, und so ist es eng gebunden an die nächste Drüse, die dicht beim Herzen liegt.

— *Thymusdrüse:* Während eurer Pubertät völlig inaktiv, wird die Thymusdrüse in der heutigen Zeit dank eurer Seelenverbindung wieder aktiviert. Sie übernimmt die Aufgabe, den Transformationsprozeß in Gang zu bringen. Dazu mußt du dein Herz der bedingungslosen Liebe öffnen. Die höheren Gefühle, die durch dein Herz fließen, stimulieren die Thymusdrüse und muntern sie auf. Wir könnten das als einen direkten Impuls der Seelenebene auffassen. Es gibt mindestens 25 bis 30 dieser höheren Gefühle, etwa bedingungslose Liebe, Vertrauen, Empfänglichkeit, Toleranz, Harmonie, Freude, Dankbarkeit, Wertschätzung, Freundlichkeit, Großzügigkeit, Vergebung. Jedes dieser Gefühle, das du in dein Leben integrierst, erlaubt der Thymusdrüse, sich aktiv mit der Seele zu verbinden, und das verstärkt deine Präsenz als ein seelisch motiviertes Menschenwesen.

Wir könnten die Thymusdrüse als ein Regelelement sehen, das den verschiedenen vom Herzen ausgehenden Qualitäten einen wechselseitigen Rückfluß erlaubt. Sie bestimmt die Quantität der Herzensenergie und regelt den Rückfluß dessen, was du ins Universum ausgesandt hast. Zu Blockaden kommt es dann, wenn man diese Herzqualitäten ablehnt, sie nicht einsetzt oder sich vielleicht von ihnen überwältigt oder gar betrogen fühlt. Das Sichbetrogenfühlen gehört zu den verbreitetsten und wichtigsten Blockaden aus vergangenen Leben. Du glaubtest, bedingungslose Liebe ausgesandt zu haben, und fühltest dich geprellt, als du etwas anderes zurückbekamst. In Wahrheit war deine Liebe damals nicht bedingungslos. Entweder warst du unbewußt der Meinung, sie sei eingeschränkt, und es kam in Wahrheit das zu dir zurück, was du durch deine Glaubenssätze angezogen hast, oder dein Bewußtsein glaubte an die Bedingungslosigkeit deiner Liebe und machte das System selbst haftbar für den unglaublichen „Betrug".

Die Widerstände des Herzbereiches deuten fast immer auf tiefe Blockaden in der Akzeptanz der bedingungslosen Beziehung zur Quelle. Ganz sicher umfaßt die Herzregion auch fast alle anderen Bereiche. Darauf werde ich im einzelnen nicht weiter eingehen; ich beschränke mich an dieser Stelle auf die am häufigsten sich zeigenden Wirkungen, die auf Blockaden oder Widerstände hindeuten.

Der elektrische Fluß ist ein wichtiger Teil des Herzbereiches. Die Verweigerung der eigenen Macht, des elektrischen Energieflusses, ist kein Kehlkopfwiderstand, wie man vielleicht glauben sollte, sondern im wesentlichen einer des Herzens. Ein tiefes Gefühl der Unsicherheit oder Minderwertigkeit, die Angst vor Machtmißbrauch sowie die Furcht davor, daß deine Machtvollkommenheit falsch aufgefaßt wird, mag ihre Annahme blockieren.

Häufig herrscht auch die Befürchtung vor, daß die physische Ebene gar nicht in der Lage ist, mit soviel Macht, wie sie dir zur Verfügung steht, richtig umzugehen, da die physische Ebene „weniger ist als" alles andere und die Macht hier nicht existieren kann; vielleicht ist auch die Menschheit deine Herzqualitäten gar nicht wert! All das führt zu Blockaden in der Annahme deiner Gottgleichheit. Wahre Bescheidenheit besteht in der Fähigkeit zu erkennen, daß du im göttlichen Sinne jedem gleich bist, nicht größer und nicht kleiner als die anderen. Egoblockaden sind sowohl Teil des Herzens als des Kehlkopfes, bzw. der Schild- und Thymusdrüse.

Geduld ist eine Qualität des Herzens, die direkt damit befaßt ist, eine schrittweise Anerkennung der Beziehung zum evolutionären Prozeß zuzulassen. Das ist ein Problem des Herzens und der Thymusdrüse. Den Plan anzuerkennen ist eine Funktion der Thymusdrüse. Die Zirbeldrüse ist samt der Zirbeldrüsen-Herzverbindung fast immer wichtig bei Blockaden, die verhindern, die Fähigkeiten der Seele anzunehmen und ihre Stärken zu nutzen. Man mag das Thema Stärke und seine Widerstände als ein Problem des Kehlkopfes oder der Schilddrüse ansehen, aber die positive Seite der Stärke ist die Herz-Zirbeldrüsen-Verbindung. Das Herz hat als ein umfassender Bereich auf die eine oder andere Art eine Verbindung zu fast jedem Widerstand.

— *Nebennieren:* Die endokrinen Drüsen haben in Verbindung mit den Nieren eine sehr komplexe Symbolaussage. Ganz sicher sitzt der offensichtlichste Widerstand in dem Bereich, wo die Verunreinigungen abfließen und dabei das befreien, was man die „Abfallstoffe" innerhalb der Flußstruktur nennen könnte. Aber ein noch viel wichtigerer Widerstand liegt meines Erachtens im Bereich der Stabilisierung. Die Nebennieren richten das gesamte System aus; sie repräsentieren Stabilität im Lebensprozeß. Sie zeigen mehr noch als der Kehlkopf oder — aus einer anderen Perspektive — die Geschlechtsdrüsen, ob der Energiefluß ausreicht. Wenn die Nebennieren stark sind, und meist sind sie das, scheint es oft so, als ob Energiewiderstände vom Kehlkopfbereich ausgehen, aber ich wiederhole, die grundlegende Energie einer Instabilitätsblockade steckt im Nebennierenbereich. Die Blockaden hinsichtlich der Stabilität führen manchmal bis tief in die Quellenbeziehung hinein; sie beruhen auf dem Dogma, daß das System der Quelle instabil ist und ihr somit gezwungen seid, mit einem unvollkommenen System auf irgendeine Weise fertig zu werden. Vollkommenheit und Unvollkommenheit sind Blockaden, die auch mit dem Herzen und der Thymusdrüse verbunden sind.

Emotionales Ungleichgewicht ist ein Widerstand im Nebennierenbereich und Teil des Stabilitätsproblems, sei es, daß ihr in Emotionen ertrinkt oder von ihnen begraben werdet, wodurch ein ausgewogener Gebrauch der Gefühle verstellt wird. Das Vorhandensein zweier Nebennieren deutet auf symbolische Unterschiede zwischen Blockaden auf der linken, rechten oder auf beiden Seiten des Körpers. Sie weisen auf rezeptive, dynamische oder auf allgemeinere Barrieren hin. Es kann hilfreich sein, beide Seiten zusammenzuführen, wenn man das Verständnis vom physischen Universum klärt.

— *Keim- und Geschlechtsdrüsen:* Die Keim- und Geschlechtsdrüsen weisen auf alle möglichen Blockaden hin. Ganz sicher haben sie mit den Grundlagen der Existenz zu tun, zum Beispiel mit der fundamentalen Kreativität oder dem Überleben auf niedrigster Stufe. Weiter geht es um die Verträglichkeit der Polaritäten und um die Fähigkeit zu grundlegender Kommunikation. Die jeweils unterschiedlichen Gesichtspunkte der Kommunikation lassen sich natürlich mit jeder Ebene, die wir vorgestellt haben, verbinden, hier aber geht es besonders um die *fundamentale* Fähigkeit, sich kreativ *auszudrücken.*

Es gibt immer eine sehr spezielle Verbindung zwischen Schild- bzw. Nebenschilddrüse, der Epiphyse und den Geschlechtsdrüsen. In Bezug auf die Kreativität ist das eine buchstäblich eine Fortsetzung des anderen. Das Ergebnis dieser speziellen Verbindung erlaubt, richtig verstanden, der Geschlechtsdrüsenebene, die klare Absicht der Seele auszudrücken. Dadurch werden Beziehungen im Leben zu einem freudevollen Ausdruck einer physischen, mentalen, emotionalen und spirituellen Ganzheit.

Das ist längst nicht alles. Hier wird der fundamentale Beziehungsbereich angesprochen und gelernt, hier ist die physische Liebe mit all ihren Glaubenssätzen angesiedelt, hier werden die automatisch ablaufenden Körperprozesse reguliert. Und darin liegt etwas sehr Wichtiges: Was geschieht, wenn der Menstruationszyklus einer Frau durch eine Operation oder durch den Alterungsprozeß zum Stillstand kommt? In einem bestimmten Sinne besteht dann eine schlechtere Verbindung zu den automatischen Prozessoren, und das war eigentlich nicht so gedacht. Auf das Ende des Menstruationszyklus reagiert die Seele einfach mit einer Verlagerung ihrer Bestimmung auf einen kreativen Modus, der die Nebenschilddrüse als einen Regulator des grundlegenden automatischen Prozesses benutzt. Ich habe dieses Thema bisher nicht diskutiert, aber ich fühle, daß es jetzt an der Zeit ist, davon zu sprechen.

Das ist auch der Grund, warum bei vielen von euch der Kehlkopfbereich aufgestört wird, wenn die Basisfunktionen eures Körpers auf eine so umfassende Weise verschoben werden. Das fängt mit der Seelenvereinigung an, bei der die Seele innerhalb der physischen Struktur verankert wird. Und jeder braucht unterschiedlich lange, bis dieser Prozeß abgeschlossen ist. Seitdem wir vor einigen Jahren angefangen haben, euch in eurer Seelenvereinigung zu unterstützen, habe ich noch nicht einen gefunden, der diese Verschiebung vollendet hätte. So dauert sie noch immer an, und es steht fast so, als wäret ihr zwischen zwei Ebenen gefangen. Ihr habt nach der Seelenvereinigung die Seele angenommen, aber ihre Fähigkeiten, die physische Struktur zu regulieren, noch nicht akzeptiert.

Ich möchte den Abschnitt über den menschlichen Körper an dieser Stelle abschließen, obwohl ich meine Ausführungen über die physische Struktur noch seitenweise vor euch ausbreiten könnte. Ich glaube, das bisher Gesagte reicht völlig aus, um euch in vielen Bereichen Klarheit und Unterstützung zu bieten.

Kapitel 22

ARBEIT AM EMOTIONALKÖRPER

Der Emotionalkörper ist der Schlüssel zu deiner Evolution. Ihr hört mich das immer wieder sagen, es kann nicht genug betont werden. Wenn ihr das erst einmal verstanden habt, beginnt ihr es zu akzeptieren. Ihr setzt eure Gefühle anders ein, als es im Idealplan vorgesehen war. Jeder von euch hat Teile seiner Emotionen begraben, einige von euch bis zu dem Punkt, wo Gefühle überhaupt nicht mehr auszumachen sind. Andere mögen den emotionalen Fokus tatsächlich nahezu verstanden haben, tendieren aber noch dahin, gewisse Gefühle auch weiterhin nicht freizugeben. Deine Emotionen sind ein wichtiger Bestandteil deines Lebens. Sie schlagen buchstäblich Brücken.

Aber manchmal scheinen schwierige oder sogenannte negative Emotionen die Verbindung zu kappen, und in gewissem Sinne geschieht das auch; denn sie überlagern eine bestehende Verbindung und beeinträchtigen somit eine klare Perspektive. Doch im Vollsinn verbinden Emotionen immer. Die positiven führen in die unbegrenzte Perspektive, die negativen eben in eine begrenzte, entfremdete, beschränkte. Angst und Verlust sind die Gefühle, die du erkennen magst, wenn du das Leben durch deine Emotionen siehst, wenn du das bist, was wir „emotional fokussiert" nennen. Dann hast du bestimmte Ängste, die an die Oberfläche kommen, oder bestimmte Verlustgefühle, die zu Tränen führen und eine Art Entfremdung hervorrufen.

Die mental Veranlagten unter euch werden vielleicht schon wissen, was ich unter einer mentalen Emotion verstehe. Angst, Sich-sorgen-Müssen oder Streß sind beispielsweise mentale Gefühle, die unter den begrabenen Emotionen schlummern. Zu hoher oder zu niedriger Blutdruck rühren von dem Druck her, den die so begrabenen Gefühle auf die physische, emotionale, mentale und spirituelle Struktur ausüben. Das ist buchstäblich eine explosive Situation: Knebelst du eine emotionale Energie zu stark, sucht sie sich auf diese oder jene Weise einen Ausweg. Du möchtest sicher nicht, daß sie sich in eine physische Krankheit, etwa in einen Nervenzusammenbruch, flüchtet. Es gibt Wege, diesen emotionalen Druck abzubauen, so daß du dir erlauben kannst, dich mit deinem Potential zu verbinden und zu einer harmonischeren Ausdrucksweise zu gelangen.

Wenn wir unsere vergangenen Leben studieren und damit zu einem klareren Gesichtspunkt kommen, können wir emotionalen Streß auflösen. Das ist eine gute Sache, und soweit es mich betrifft, halte ich sie für die beste aller Methoden, Emotionen zu klären. Der Erkennungsprozeß selbst ist das Ziel.

Aber da emotionale Reaktionen auf vielen Ebenen entstehen und von einer Vielzahl von Aspekten und alten Glaubenssätzen herrühren, muß man die Perspektive des Emotionalkörpers behandeln — zusätzlich zu den allgemeineren Methoden der Vier-Körper-Arbeit in einer Erkenntnissitzung. Als einer, der bei sich selbst und anderen Erkenntnisprozesse unterstützt, mußt du dir bewußt sein, daß du nicht am Ziel bist, solange der Emotionalkörper nicht eine klarere Perspektive erreicht hat. Es reicht nicht aus, gelegentlich eine Ahnung davon zu haben, die Emotionen müssen wirklich regelmäßig und klar benutzt werden, damit sie keine explosive Ladung aufbauen können, die irgendwann, buchstäblich oder im übertragenen Sinne, die kreative Grundlage zerstört, auf der du arbeitest. Oft zeigt ein Schlag des Herzens, daß der Druck, der sich auf der emotional-ätherischen Ebene angesammelt hat, untragbar geworden ist.

Lerne verschiedene Systeme der Klärungsarbeit zu benutzen, wenn du die Transformation unterstützen willst. Bei der Visualisation führt dich ein Helfer durch eine Serie von Symbolen, um zu sehen, wie du dich in Bezug auf diese Symbole fühlst und zu welchen Erkenntnissen das führt. Emotionale Klärungsarbeit muß nicht konfrontierend sein; es macht einen Unterschied, einer Sache ins Gesicht zu sehen oder Front gegen sie zu beziehen. Schaut euren Emotionen ins Gesicht, aber ihr müßt sie nicht ins Kreuzverhör nehmen; das geschieht nur, wenn man sich in seiner Kommunikation spirituell nicht unterstützt fühlt. Emotionale Klärungsarbeit hilft einem Menschen, den spirituellen Rahmen, das göttliche Unterstützungssytem, das Licht der Seele, den Plan der Quelle zu erkennen, sie fördert die Bereitschaft der Gefühle, an die Oberfläche zu kommen und sich befreien zu lassen.

Es ist wichtig, den Emotionalkörper von seinem Druck zu befreien, aber sei dir bewußt: Wenn du erst einmal angefangen hast, tief vergrabene emotionale Reaktionen aufzustöbern, kannst du sie nicht einfach wieder zuschütten, du mußt dich schon mit ihnen auseinandersetzen. Es gibt kein Zurück — jedenfalls nicht ohne große Schwierigkeiten. Wenn deine Gefühle einmal die Oberfläche erreicht haben, erkennen sie, daß es hilfreich für sie ist. Man kann richtig süchtig werden, sich um seinen Emotionalkörper zu kümmern und mit ihm zu arbeiten; er selbst sehnt sich nach Wiederholung. Du magst das nicht erkennen, aber du wirst erleben, daß immer mehr Gefühle an die Oberfläche dringen, natürlich auch Gefühle, denen du am liebsten nicht ins Gesicht blicktest, aber langfristig ist es besser, sie zuzulassen, als sie erneut zu beerdigen.

Wir werden immer neue Wege entwickeln, um Gefühlen auf die Spur zu kommen. Der emotionale Klärungsprozeß ist der Schlüssel zu einem unbegrenzten Lebensausdruck. Er führt dazu, deine Emotionen mit dem Transformationsprozeß zur Deckung zu bringen, er reißt dich aus deinen überkommenen Verhaltensmustern, aus Angst, Furcht, Schmerz, Verlust und all den unsäglich schwierigen Gefühlen. Fürchte dich nicht vor deinen Gefühlen. Nimm die Hilfe von Menschen an, die von der Sache etwas verstehen und deinen Klärungsprozeß in einem einfachen, abgesicherten und angenehmen Umfeld unterstützen. Sei gewiß, daß dein Emotionalkörper ein göttlicher Partner ist; schätze ihn und gib ihm Nahrung. Er ist kein „Bösewicht", sondern ein Teil von dir, der dir zu Diensten ist, wenn du ihn richtig einsetzt.

Kapitel 23

VERBINDUNG MIT DEM ENGELREICH

In dir gibt es eine Engelperspektive. Der Engel in dir weiß, wie man sich mit dem Kern des Seins verbindet. Engel sind meines Erachtens Verbindungen oder Bindeglieder, die nicht speziell personifiziert sind; gleichwohl sind die Erzengel große Zentren, die über einen bestimmten schöpferischen Bereich gesetzt sind. Als nichtindividuelle Bindeglieder unterstützen und überwachen sie den Prozeß der Quelle. Da die Engelperspektive jede andere Ebene transzendiert, ist sie auf der physischen Ebene genauso präsent wie auf der spirituellen.

Bei vielen Menschen sorgen die Engel für den „kleinen Unterschied" im Leben. Wenn du deinen Schutzengel um Hilfe gebeten hast, bringt dich das oft in Kontakt zu deiner grundlegenden Ebene, auf der du dich wieder voll erkennen kannst. Das Engelreich ist sehr flexibel. Jeder kann seine eigene Engelperspektive in Anspruch nehmen, für jeden deiner Lebensbereiche steht sie einzig dir zu Diensten. Wenn du dich einsam fühlst, trägt dich ein Engel über diese Einsamkeit hinaus, wenn du wütend bist, ein Engel hilft dir. Welche Perspektive auch immer nach einer Verbindung sucht, die Engel bauen die Brücken, die deinen Horizont erweitern und dir helfen, bewußter wahrzunehmen, wer du bist. Für uns alle ist die Evolution ein Prozeß, der uns mit dem Göttlichen auf unbegrenzte Art und Weise in Berührung bringt. Die Engel verbinden alle unbegrenzten Perspektiven, und indem du dich in das einhakst, was sie repräsentieren, kannst du klarer sehen, was du darstellst.

Es ist wichtig, alte Verhaltensmuster anzuschauen und zu erinnern, wie selbstverständlich du damals mit den Engeln umgegangen bist. Im Innern sind sie unsere Freunde und verbinden dich mit der kreativen Ebene, die deine Stärken und Fähigkeiten weckt. Sie sind hier, um zu helfen, zu schützen, uns zu lenken und ins Gleichgewicht zu bringen. Als göttliches Wesen hast du alle Qualitäten, alle Aspekte dieser Engelperspektive in dir. Die Verbindungen, die du suchst, sind immer für dich da. Die Engelperspektive ist also nichts außerhalb von dir, sie wohnt in dir, aber es mag scheinen, als würde es von einer äußeren Perspektive gespiegelt. Wenn du es durchaus willst, kannst du einige Engelperspektiven in personifizierter Form sehen: zum Beispiel als Gabriel, Uriel, Raphael, Metatron, Tzadkiel und Sandalphon. Diese Bindeglieder zu einem klareren Verstehen wohnen in dir als eine Widerspiegelung des Systems, und sie erweitern deine Perspektive durch deine Fähigkeit, dich dem hinzugeben, was sie repräsentieren. Wenn dich dein Freund auf einer Brücke zur Eile drängt, du aber zu stolpern fürchtest, wenn du zu schnell gehen mußt, wäre es vielleicht gut zu hören, was dein Freund dir rät, damit du die richtigen Schritte tust. Aber wenn du sie erlernt hast, kann dieser begeisterte Freund, die Engelperspektive, dich mühelos in immer klarer werdende Perspektiven führen.

Wie kommst du zu deinem inneren Engel in Kontakt? Genauso, wie du zu deiner Seele in Beziehung trittst. Die Engelperspektive verbindet dich buchstäblich mit der Seele oder dem höheren Selbst. Ich möchte dich in diesem Buche auf bestimmte Bereiche hinweisen, die in dir durcheinandergeraten sind. Denk daran, wenn du deinen bevorzugten Erzengel oder einen Engelherren anrufst, daß du wirklich in deinen kreativen Fluß hineingehst und den göttlichen Plan bittest, dich vollständiger zu versorgen, damit du ihm vollständiger dienen kannst. Wenn du mit den Engeln kommunizierst, müssen sie spüren, daß dir die überragende Bedeutung des Plans bewußt ist. Anderenfalls wirst du wohl Hilfe erhalten, aber sie wird unter Umständen nicht so umfassend ausfallen, daß sie deiner Bestimmung gerecht wird.

Nimm an, du möchtest deine Bestimmung kennenlernen. Du hast ihre Natur noch nicht herausgefunden, und so bittest du einen Engel, dir dabei zu helfen. Was kann er tun? Er kann eine Verbindung herstellen, und durch diese Verbindung kann eine Gelegenheit zu dir kommen. Du hast dann die Wahl, ob diese bestimmte Gelegenheit zu deiner Bestimmung gehört oder nicht. Du hast immer freie Wahl. Du bestimmst den Zeitpunkt, zu dem eine bestimmte Sache schöpferisch in Fluß kommt, und die Engelverbindung hat dann die Möglichkeit, eine Erkenntnis in deinem Bewußtsein aufblitzen zu lassen.

Es ist wichtig, die Engel um Hilfe zu bitten. Es ist so, als ob du zur Quelle sprichst: „Integriere mich in den Plan, hilf mir, ihn voll zu nutzen. Ich bin ein Teil von ihm und möchte ihm umfassend dienen." Während der Arbeit mit den Engeln ist es möglicherweise nötig, alle komplizierten vergangenen Verbindungen und alle durcheinandergebrachten Beziehungen zu klären. Frage mich, und ich sage dir, ob es solche Komplikationen noch in dir gibt. Weit über die Hälfte der Menschen ist mit starren Denkmustern vom Engelreich versehen, frönt ihren falschen Glaubenssätzen und illusionären Wahrnehmungen und hat sich dort häuslich eingerichtet. Deine Fähigkeit, dich mit den Engeln zu verbinden, hilft dir, diese Verbindung mit deiner Bereitschaft zu dienen in Einklang zu bringen, und das kann zu einer klareren integrierten Perspektive führen. Dein Leben ist dazu gedacht, voll und kreativ gelebt zu werden. Die Engel können dir helfen, diese Kreativität zu erreichen, bis du sagen kannst: „Ja, ich sehe, wie alles zusammenpaßt, und ich verstehe die physische Existenz und warum ich ein Teil von ihr geworden bin."

Kapitel 24

ENTRÜSTUNG UND GEREIZTHEIT

Entrüstung oder Gereiztheit sind ein Anzeichen für unterdrückten Ärger und einen Mangel an Geduld oder Fürsorge. Sie tritt manchmal als Verdrießlichkeit oder Launenhaftigkeit auf, gelegentlich wirklich als Ärger, aber in Wahrheit sitzt da ein tiefer Groll, meist ein Hadern mit dem Prozeß, das sich mit der Zeit auf die gesamte Schöpfung einschließlich der Menschheit erstreckt. Entrüstung ist wirklich ein Mangel an Toleranz, wie der Ärger. Beide entspringen einem Mangel an bedingungsloser Liebe; zwar glaubt man an die Macht des Schöpfers, aber nicht an die der Mitschöpfer, mit anderen Worten: Man vertraut den eigenen kreativen Fähigkeiten, die man für größer als die der Mitschöpfer hält, obwohl doch beide erst die Schöpferkraft der ganzen Menschheit ausmachen. Hier haben wir das immer wieder auftretende Mitschöpfersyndrom vor uns. Es besteht darin, daß einer, der auf der Schöpferebene steckengeblieben ist, nicht wahrgenommen hat, daß inzwischen ein Übergang von der Schöpfer- zur Mitschöpferebene stattgefunden hat; in Zukunft wird die Kraft des Schöpfers aufgeteilt und durch alle Herzen der Mitschöpfer gefiltert, um zu dem Ergebnis zu gelangen, das der Schöpfer sich ersehnt.

Mit anderen Worten, jeder ist ein Schöpfer, und alle schaffen gemeinsam. Wenn du also ungeduldig, entrüstet oder gereizt über das Wirken eines anderen bist, rührt das von dem Glaubenssatz her, daß der Prozeß nicht funktioniert, wenn die anderen nicht das verwirklichen, was du dir vorgestellt hast oder für vollkommen hältst. Entrüstung ist bar jeder Toleranz. Sie folgt dem felsenfesten Dogma, daß ihr Weg der beste und gar der einzig gangbare ist; wer ihm nicht folgen kann und will, verzögert nur die Arbeit und zerstört, was der Schöpfer für die Menschheit tut.

Entrüstung manifestiert sich auf der physischen Ebene hin und wieder im Kehlkopfchakra, manchmal auch in anderen Teilen des Körpers wie der Haut, doch die Ursachen ähneln sich. Immer geht es um die Unfähigkeit, etwas Neues im Körper fließen zu lassen, eine neuen Lebensstil oder eine neue Art der physischen Existenz anzuerkennen. Diese Gereiztheit, die für den Körper ein Problem ist, wird erzeugt, wenn du an einem bestimmten Punkt festhältst, der besagt: „Nein, ich kann diesen Fluß des Neuen nicht zulassen, er wird mein Leben zu sehr aus dem Geleise werfen. Wer weiß, was er bringt. Das Neue ist mir unbekannt, ich kann es auf keinen Fall akzeptieren, es wird bestimmt gefährlich, unangenehm, zumindest unkontrollierbar sein." So geht es jetzt vielen Menschen beim Versuch, den Fluß der vierten Dimension und der neuen radioaktiven Partikel, die jetzt in eure Welt eindringen, anzunehmen. Die verschiedenen Körper stehen in Abwehr, sie stellen die Stacheln heraus, und natürlich wird der physische Körper in Mitleidenschaft gezogen. Erholen kann er sich erst wieder, wenn man bedingungslose Liebe und Toleranz entwickelt, die uns sagen lassen: „Ich schaffe etwas, und du schaffst etwas. Deine Schöpfung ist so gut und wertvoll wie die meine, und darum bin ich über deine Schöpfung nicht nur nicht entrüstet, sondern ich begrüße sie als Farbtupfer im bunten Lebensteppich." Jetzt kannst du die Welt genießen.

Wie viele haben schon gesagt: „Es soll Licht werden, aber nur durch mich!"? Doch das Licht fließt durch alle, die Fähigkeit zur Schöpfung steckt in allen, der Prozeß des Universums wird von allen Menschen entworfen, unterhalten und beflügelt. Es ist nur zu wahr, daß im Kollektivbewußtsein der Menschheit falsche Wahrnehmungen und Glaubenssätze schlummern, aber das hebt das Recht des einzelnen nicht auf, seine ihm eigenen Erfahrungen als Schöpfer in diesen Teppich hineinzuweben, und dieses Recht mußt du ihm zugestehen.

Kapitel 25

ANNAHME DEINER GÖTTLICHEN MACHT

Alle von euch kennen die Aufforderung, eure göttliche innere Kraft in Anspruch zu nehmen. Ihr habt die Botschaft oft gehört, aber sie bereitet euch noch immer größtes Kopfzerbrechen. In der heutigen Zeit geht es besonders um eure Einstellung zur Macht, einen so starken Kontakt mit dem dynamischen Fluß hattet ihr bisher auf eurer Erde nur ein oder zweimal. Im alten Ägypten standet ihr viel klarer zu eurer göttlichen Macht als jetzt.

Das frühgeschichtliche Ägypten ist von erstaunlicher Übereinstimmung mit dem Neuen Zeitalter. Es war damals schon ein Ausblick in die Zukunft und fiel buchstäblich aus dem Rahmen eurer geschichtlichen Entwicklung. Wir unterscheiden vier Perioden:

— Die Anfangs- oder Aufbauphase, die der Zeitspanne von etwa 1875 bis 2000 n. Chr. entspricht.

— Die Entwicklungsphase als Ära der Ausbildung und Sicherung von Fertigkeiten und Fähigkeiten.

— Der Höhepunkt. Die Aneignung göttlicher Machtfülle ermöglicht spirituelle Durchbrüche und überragende Leistungen und treibt die Entwicklung auf der Erde weit voran.

— Die Abstiegsphase als unmittelbare Folge des Machtverlustes.

Die Entwicklung der altägyptischen Zeit könnte man als eine Bergbesteigung veranschaulichen. Es beginnt damit, daß du den Gipfel zwar nicht sehen kannst — du bist ihm zu nahe —, aber du bist sicher, daß du ihn ersteigst. Dann fühlst du die Anstrengung der steten Steigung und manchmal eine innere Anspannung, die wächst, je mehr du dich deinem Ziele näherst. Endlich kannst du den Gipfel sehen; zwischen dir und ihm entsteht eine kraftvolle Verbindung, es zieht dich immer stärker zu ihm hin. Dann stehst du auf dem Gipfel und nimmst das Geschenk in Empfang, das die Besteigung dir gebracht hat: du bist dem Kosmos nahe, läßt dich von seiner Kraft durchströmen. Und dann entschließt du dich — aus welchem Grund auch immer —, den Berg wieder hinabzusteigen. Du läßt alles hinter dir, denn dir ist nur nebelhaft bewußt, daß du all das, was dir an Kräften auf dem Gipfel zufloß, mit ins Tal hinunternehmen kannst. Du gibst ein gutes Stück deiner göttlichen Machtfülle schlichtweg preis.

Die Prämisse, daß Macht nur auf dem Gipfel zu haben ist, beeinflußt euch noch heute. Ihr müßt wissen, daß sich etwa ein Viertel der heutigen Menschheit im alten Ägypten einer oder mehreren Einweihungen unterzogen hat. Fortgeschrittenen gelang es, die Erde zu verlassen und sich auf einer neuen Ebene zu entwickeln. Da sich diese „alten Ägypter" mit ihrer Schwingung auf eine längere Erdzeitperiode eingestellt hatten, wurden sie gebeten, zur Erde zurückzukehren, um bei der nächsten, der jetzigen, Entwicklungsstufe Hilfestellung zu leisten. Ihr habt heute also mit den Ergebnissen und emotionalen Reaktionen zu tun, die im Zusammenhang mit eurem damaligen Gipfelabstieg stehen.

Natürlich handelt es sich nur um eine Analogie; in Wirklichkeit geht ihr nirgendwo hinunter, sondern in einen Zustand über, in dem ihr lernt, weit umfassender von der Macht Gebrauch zu machen als bisher. Lernt eure „ägyptischen" Leben kennen! Ihr könnt mich fragen, wenn ihr sie nicht selbst erinnert, oder sucht euch einen anderen Helfer. Erlebt eure göttliche Macht aufs neue. Diese ägyptische Zeit, in der viele von euch vierzig, fünfzig Leben lebten, ist eine kraftvolle Beziehung. Sie hilft im Bereich der Minderwertigkeitskomplexe, der (Selbst-)Sicherheit, des freien und des elektrischen Flusses, sie belebt buchstäblich alle Bereiche. Du kannst die Zukunft dieser Erde schauen, dich mit ihr vertraut machen so wie damals. Du hast eine Ahnung von ihr bekommen, hast sie verstanden, hast über scheinbare Barrieren, die sich physisch jetzt drohend vor dir aufbauen, weit hinausgeschaut. Du weißt, daß diese Barrieren nicht real sind, aber die Menschen sind felsenfest von ihnen überzeugt, auch jetzt noch immer! Wie oft hörst du: „Radioaktive Strahlung ist tödlich."! Dabei ist diese elektrische Intensität nicht als destruktive Kraft gedacht, sondern als Öffnung, ja als eine explosive Bresche in eine neue elektrische Ebene, und euer physischer Körper könnte sie durchaus vertragen. Fünf verschiedene Arten radioaktiver Partikel dringen jetzt in die physische Region ein (Stand: 1. März 1989), und es werden immer mehr. Der zeitliche Rahmen ist gesetzt. Der Fluß der göttlichen Macht wird buchstäblich herauftransformiert, indem ihr, Schritt für Schritt, das Tor zu eurer inneren göttlichen Kraft in ihren rostigen Angeln dreht.

Es ist wichtig zu erkennen, daß auch die Erde gerade ihre Macht ergreift. Das gibt euch Gewißheit, daß eure Entwickung hin zur göttlichen Machtfülle gehörig abgestützt ist. Wer die Macht allerdings ohne das Göttliche an ihr erringen will, wird ihrer niemals habhaft. Macht ist im tiefsten Grunde zwar immer göttlich, aber die göttliche Macht, von der ich spreche, geht durch das Herzzentrum. Du kannst für eine Weile Macht ausüben, die nicht herzzentriert ist, aber das ist dann ein Aspekt des persönlichen Willens, der dich trotz eurer relativen Stärke nicht in jenen unbegrenzten Ausdruck deiner selbst führt, sondern schließlich zum Ende jeglichen Ausdrucks. Hitler ist ein großartiges Beispiel für solchen Machtmißbrauch. Es gibt eben keine Abkürzung über den Willensaspekt, obwohl es so aussehen mag. Ich habe an anderer Stelle ausführlich über den Willen geschrieben und verweise euch darauf.

Einige von euch fürchten die Gewalt der dynamischen Energie. Doch sie ist eure angestammte göttliche Macht. Natürlich muß eure rezeptive weibliche Seite sie annehmen; nur wenn ein polarer Austausch stattfindet, kann die göttliche Macht ihre Funktion erfüllen. Aber dieser dynamische Strom, der euch unbegrenzt durchpulst, ist nichts, was man fürchten müßte; es ist nicht nötig, ihm Hemmschuhe vorzulegen oder über ihm die Fassung zu verlieren. Das führt uns in den Bereich der Wahrnehmung eurer Quellbeziehung. Die meisten von euch haben nämlich den grundlegenden evolutionären Fluß der göttlichen Macht, die dynamische Kraft der Quelle durchaus im Gedächtnis. Denn vor ihrer Geburt zum Individuum haben sie als undifferenzierte Funken diesen dynamischen Fluß unmittelbar erlebt. Nach ihrer Geburt ging die Verantwortung über die Verwaltung dieser inneren göttlichen Kraft dann auf sie selbst über.

Diese Veränderung ist tatsächlich grundlegend, und einige von euch widerstehen ihr immer noch, sind zornig oder fühlen sich verloren. Jedesmal, wenn ihr nach eurer Macht greift, werdet ihr auf diesen emotional geladenen Punkt stoßen und auf seinen vehementen Widerstand.

Kapitel 26

DAS INNERE KIND

Hast du jemals Kinder beim Spiel beobachtet? Urplötzlich geraten sie in große Aufregung, sie haben etwas Neues in ihrer Umgebung entdeckt und können sich vor Staunen kaum einkriegen. Manchmal werden sie ungeduldig, sie können das Neue nicht sofort einordnen, sind aber von ihm fasziniert. Wenn wir das symbolisch nehmen, erkennen wir in diesem Verhalten einen Teil des göttlichen Prozesses. Der Schöpfer hat an alles gedacht, mein Freund, sein Plan ist wunderbar. Er enthält alles, was gebraucht wird, um zu entdecken, zu lernen und zu wachsen. Er sieht nicht vor, daß wir es uns bequem machen und die Hände in den Schoß legen. Viele denken aber so: „Ich halte fest, was ich besitze. Ich möchte mich nicht verändern, denn ich fühle mich pudelwohl. Ich will auch nichts von dem aufgeben, was ich jetzt habe, ich brauche es einfach. Es genügt mir, wenn ich mich so ein bißchen bewege."

Ungefähr an diesem Punkt legt uns das Universum etwas Neues vor die Füße, und das Kind in uns reagiert darauf. Es ruft: „Sieh dir das an, ist das nicht interessant? Darüber muß ich unbedingt mehr wissen!" Jeder von euch geht mit dieser Situation auf seine Weise um. Einige lassen ihren Verstand sprechen: „Ich möchte alles darüber lernen, ich möchte es konzeptionell erforschen, verstehen und erfahren." Andere halten das Neue intuitiv für einen Teil ihrer Bestimmung und suchen es zu integrieren. Wieder andere wollen sich mit ihren Sinnen überzeugen, sie gehen ganz nah heran, um es zu betasten, zu beschnuppern. Viele lassen sich ganz von ihren Gefühlen leiten, wenn sie dem Neuen auf die Spur kommen wollen. Und natürlich gibt es verschiedene Kombinationen des Beschriebenen.

Ich möchte euch ein Beispiel geben: In den USA und anderen Teilen der westlichen Welt herrscht dieser Fitnessfimmel, dieses starke Bedürfnis, jung und fit zu sein. Vor nicht allzu langer Zeit hielt man es nicht für wichtig, seinen Körper zu bewegen, jeder gab sich lässig. Vor dieser Periode mußte man aktiv sein, weil der Job einen stundenlang auf den Beinen hielt und lange Strecken zu Fuß oder auf dem Pferd zu überwinden waren, denn es gab keine anderen Transportmöglichkeiten. Wie gesagt, später machte man es sich leichter, man saß viel mehr. Daraus entstand eine neue Erscheinungsform, ein synchroner Ausdruck des Neuen Zeitalters. Weil viele Menschen noch kein starkes Bewußtsein für den vollen Gebrauch des spirituellen Körpers entwickelt haben, wird zunächst einmal die Bewegung des physischen, emotionalen und mentalen Körpers erforscht. Diejenigen, die klar genug sehen können, bewegen sich dabei im wahrsten Sinne des Wortes in einem spirituellen Rahmen. So ist zum Beispiel Sedona in Arizona zu einem beliebten Wanderziel geworden, weil viele der dort vorhandenen Strudel physisch, emotional, mental und spirituell verbinden.

Du magst fragen, was das mit dem inneren Kind zu tun hat. Das Kind in einem ist immer bereit, sich zu bewegen, zu lernen, die Dinge auf neue Art zu sehen, zu erfahren und auszudrücken. Die vorhandenen Kristallisationen werden einfach überspült oder durchflutet, sie stören die Bewegung kaum, es sei denn, sie sind sehr tief und umfangreich. Das ist der Grund, mein Freund, warum das göttliche System physische Strukturen immer wieder zerstört und neu aufbaut: um das innere Kind zu einer frischen, klaren Sichtweise der Existenz zu führen. Jedes Jahr, das du auf der Erde

zubringst, ist von symbolischer Bedeutung. Die ersten zwölf Jahre gehören dem inneren Kind, die weiteren sind anderen Symbolen zugeordnet. Jedes einzelne Jahr entspricht einer bestimmten Phase des sich entfaltenden Bewußtseins.

Im ersten Jahr, dem Neubeginn eines irdischen Lebens, ist das Kind noch sehr auf den inneren Ausdruck eingestimmt, es paßt sich erneut der äußeren Welt an und erahnt die neuen Möglichkeiten. Zuerst muß es seine nächste Umgebung wahrnehmen, und diese beginnt es auf umfassende Weise zu erforschen. Begeistert wird jede neue Verbindung begrüßt. Manchmal schreit es auf, aber sogar im Schrei steckt ein Gefühl der Erneuerung, der Frische und Befreiung von alten Mustern, die noch Teil seines Lebens sind, aber aus einer neuen Perspektive gesehen werden.

Es mag sein, daß du in einem deiner Leben an einer schweren Krankheit gestorben bist, vielleicht am Krebs, einer Krankheit, bei der der Todesprozeß auf der physischen Ebene sehr lange währt. Natürlich gibt es in Wahrheit keinen Tod, sondern nur Veränderungen, aber die Zellen erneuern sich nicht mehr und werden während dieser Krankheit langsam abgetötet. Nach der Geburt im nächsten Leben braucht das Bewußtsein ungefähr ein Jahr, um die neue Struktur zu erforschen, diese neue, frische Perspektive, die jetzt auf die Erde geboren wurde. Das Bewußtsein muß sich wieder mit dem Ideal verbinden und von der Störung lösen, die von dieser Krankheit herrührt. Es hängt von ganz verschiedenen Dingen ab, wie wirkungsvoll das vor sich geht. Aber das innere Kind erlaubt ein umfassendes Auflösen der alten Programmierung.

Es ist so, als hättest du in einem bestimmten Raume etwas Dramatisches erlebt. Danach kannst du einen neuen Raum betreten. Auch wenn du dich gut an den ersten Raum erinnern kannst oder sogar an andere Räume, in denen du irgendwann einmal gewesen bist, machst du dich jetzt mit diesem neuen Raum vertraut. Du suchst nicht automatisch einen bestimmten Teil des Raumes auf, um dich auf einen Sessel zu setzen, an den du dich erinnerst; die neuen Möbel sind jetzt anders aufgestellt. Natürlich sind das unbewußte Assoziationen, bewußt bist du als kleines Kind einfach damit beschäftigt, die Umwelt neu zu erobern. Unbewußt indes bewirkt diese Erforschung des Neuen, daß das alte Trauma so gut wie möglich neu beurteilt, angepaßt oder aufgelöst wird. So schwindet die Erinnerung an die alten Räume Stück für Stück. Nach ungefähr einem Jahre ist das neue Muster installiert, und das Kind wächst im Bewußtsein auf, daß es jeden Tag seine Umgebung besser *meistern* kann, und das, mein Freund, ist doch das Ziel — ein Meister seiner Umgebung zu werden. Und das bedeutet einfach zu wissen, wie man die Umwelt für den Plan einsetzt.

Wir könnten uns jedes Jahr im Leben eines Kindes vornehmen, und vielleicht werden wir das später einmal tun. Um das Gesagte zusammenzufassen: Das innere Kind ist ein wichtiger Schlüssel, der dir vom Schöpfer mitgegeben wurde; er erschließt dir neue Gesichtspunkte zu deinen kreativen Fähigkeiten. Dieser Schlüssel paßt nicht nur am Anfang deines Lebens, du kannst jederzeit mit deinem inneren Kind Kontakt aufnehmen. Es ist dir als ein Mittel eingepflanzt, wenn es darum geht, neue Gesichtspunkte mit Begeisterung aufzunehmen und die gesamte Existenz ohne jegliche Einschränkung zu verstehen.

Kapitel 27

FÜHRERSCHAFT

Viele Menschen sehen sich in Visionen als Redner vor einer großen Volksmenge. Das bedeutet, daß sie Führungsqualitäten haben; und einige von euch wissen auch, daß es sich hier um einen symbolischen Vorgang handelt. Ein solches Ereignis wird auf der physischen Ebene in den nächsten Jahren wahrscheinlich gar nicht stattfinden, aber zum Führer seid ihr alle geboren!

Stellen wir uns noch einmal die gesamte Existenz als einen Kreis vor, der aus unendlich vielen Lichtpunkten besteht. Wenn diese Funken sich bewegen, kannst du zwischen bestimmten Pünktchen einen Lichtbogen wahrnehmen, der durch ihre Ortsveränderung entsteht. Du erhältst aus dem Licht und seiner Ausstrahlung einen Hinweis auf diese neue Verbindung. Der große Kreis hat sich durch diese Veränderung insgesamt weiterentwickelt. Das ist die Aufgabe eines Führers. Deine Führungsqualitäten werden vom Plan genutzt, wenn du ein bestimmtes Thema so beherrschst, daß der Plan sich damit weiterentwickeln kann.

Laß mich dir ein Beispiel geben: Du bist in einer Übungsgruppe und tust dich wie viele andere auch mit einem bestimmten Thema schwer. Plötzlich meint einer: „Ich hab's!", steht auf und teilt euch seine Ansicht mit. Andere lassen sich darauf ein, und es kommt zu einer allgemeinen Diskussion mit dem Ergebnis, daß dieses Thema von allen plötzlich klarer und umfassender verstanden wird. Der als erster aufgestanden ist und gesagt hat: „Ich hab's", erlebte einen Aspekt des Staunens, wie ich es nennen möchte. Er hat mit seinem: „Aha, ich verstehe es!" einen Prozeß eingeleitet, der anderen hilft, das zu erkennen, was er selbst verstanden hat.

Wahres Führertum schafft also einen Kontakt, der auf andere ausstrahlt und ihr Bewußtsein erweitert. Ein wahrer Führer urteilt nie noch ereifert er sich um die eigene Position; er repräsentiert lediglich einen Gesichtspunkt, der erforscht und in jede andere Sichtweise integriert werden kann. Einige von euch hatten böse Erfahrungen mit Führern, die euch zwangen, ihre Anschauungen anzunehmen und auf ihre Art zu leben und zu denken. Deshalb hast du in dir starke Vorbehalte gegen autoritäre Persönlichkeiten; das macht es dir schwer, deine eigene Führungsrolle anzunehmen.

Das Problem umfaßt ein weites Feld. Grundlegender Führer ist zum Beispiel die Quelle, der Schöpfer. So kommen bei diesem Thema also auch die Glaubenssätze über den Schöpfer und die Bedeutung des Plans in Betracht. Eng verbunden mit diesem Bereich sind auch Themen über Selbstwertgefühl, Sicherheit und Sichtbarkeit; der Herzbereich steht ganz obenan. Die Offenheit des Herzens erlaubt die Sichtbarkeit, und natürlich müssen sich Führer oft zeigen. Bei wahrer Führerschaft gibt es keinen Kontrollaspekt, aber es mag derartiges mit einem bestimmten menschlichen Führer verbunden sein oder mit denen, die ihn umgeben.

Führerschaft wird von vielen Menschen angestrebt, denn es bringt sie an einen Punkt, wo direkter Kontakt möglich ist. Alle sehnen sich nach unmittelbaren Kontakten mit der Quelle und nach Unterstützung für ihre Bemühungen. Als Führer wird man von anderen unterstützt, das ist der eigentliche Zweck der Führerschaft. Es mag nach außen nicht so aussehen, aber Führer auf der menschlichen Ebene suchen immer nach Unterstützung. Ein erfolgreicher Führer ist sich stets bewußt, wie wichtig es ist, im Gespräch zu bleiben, sich mitzuteilen, fürsorglich mit anderen umzugehen und für andere verfügbar zu sein. Sicherlich muß er entscheiden, muß er in der Lage sein, faire und objektive Beschlüsse zu fassen. Die klarsten Entscheidungen sind immer die, die jedem helfen und die Gruppenperspektive weiterbringen.

Es gibt nichts Befriedigenderes, als vor einer großen Versammlung zu stehen und ihre Anerkennung zu erfahren. Du genießt sie, viele setzen sie mit Liebe gleich. Und sicherlich ist Anerkennung ein Teilaspekt der Liebe. Natürlich geht nicht jede Hörerschaft liebevoll mit einem Führer um, aber je offener der Redner spricht, umso klarer werden seine Worte aus dem Herzen kommen.

Das mag nicht in jedem Falle sichtbar sein, aber es ist wahr. Schauspieler haben zum Beispiel das Bedürfnis, gesehen und in ihrer Schaffenskraft anerkannt zu werden, denn dank ihrer Kreativität entwickelt sich die Kreativität der ganzen Menschheit. Es ist daher nichts falsch an dem Bedürfnis, gesehen werden zu wollen. Seine Rolle sollte aber mit der umfassenderen Perspektive, die sie im Rahmen des Ganzen hat, ins Gleichgewicht gebracht werden und die Bedürfnisse anderer mit einschließen.

Wer seiner Führerschaft unsicher ist, trachtet danach, sich eine Umgebung zu sichern, die ihm angenehm ist oder zumindest auf ihn reagiert. Ihr hattet viele wunderbare Führer auf eurem Planeten, die ihr vielleicht nicht als solche angesehen habt, weil sie sich nicht besonders hervortaten. Eure großen Wissenschaftler sind zum Beispiel Führer im wahrsten Sinn des Wortes. Ihr Erstaunen über die Schöpfung, ihre Erkenntnis, die aus dem Staunen hervorgeht, führte sie zu einer bewußten Verbindung mit einer klareren Perspektive, wie die Existenz im Grunde vor sich geht.

Klärt eure tiefen, unbewußten Glaubenssätze über Führung, Sichtbarkeit und Sicherheit, über eure Fähigkeit, die Meinungen anderer nicht nur zu ertragen, sondern sie in eure Entscheidungen miteinzubeziehen. Schau dir an, wie du zu deinen eigenen Entscheidungen findest, denn du bist unbestritten Führer aller Aspekte deines Selbst. Dein Erstaunen kann dich leiten, wenn du wirklich verstehst, was für ein Privileg es ist, ein Teil des Plans zu sein. Mit deinen Stärken, deiner Fürsorge und deiner bewußten Wahrnehmung gibst du dem Evolutionsprozeß die Richtung an. Du bist wahrhaft ein Führer. Erstaunt dich das? Dann laß es in dir wirken. Es wird dich sicher machen, daß du einen göttlichen Platz innerhalb des Ganzen einnimmst.

Kapitel 28

MUSISCHE FÄHIGKEITEN

Jeder von euch lebte mindestens einmal ein Leben als Musiker. Ihr alle habt die Musik vollkommen erforscht, ob du das nun in diesem Leben erkennen magst oder nicht. Und warum erkennst du es nicht? Nun, die Seele inkarniert sich in verschiedenen Energieströmen; sie speist in bestimmte Ströme spezifische Stärken ihrer kreativen Fähigkeiten ein und durchdringt damit einen Bereich, der der Auflösung bedarf. Musikalisches Tun ist oft ein Vorspiel für eine Erfahrung, die auf einer neuen kreativen Ebene stattfindet und bisher noch nicht in der physischen Existenz erprobt wurde.

Das Leben als ein leidenschaftlicher Musiker kann zu einer allumfassenden Erfahrung führen. Die großen Musiker, die auf der Erde lebten, verbrachten viele Jahre damit, ihren musischen Ausdruck zu vervollkommnen. Was haben sie geübt? Sind sie nicht bereits perfekte Instrumente des Göttlichen? Natürlich sind sie das, aber was sie üben, ist die Fähigkeit, die Eingaben des Göttlichen auf der physischen Ebene anzuwenden. Um professioneller Musiker zu werden, ist die totale Hingabe an die gewählte Art des musischen Ausdrucks nötig. Das schafft einen intensiven Fokus, viele überkommene Blockaden, die unüberwindlich schienen, aus dem Weg zu räumen.

Laß mich dir ein Beispiel geben. Nimm an, du bist in eine wohlhabende Familie hineingeboren worden, und man erkennt eines Tages, daß du musikalisch begabt bist. Du erhältst mit acht Jahren Klavierunterricht, und dein Lehrer hält dich an, die Tonleitern und das für dich zusammengestellte Programm täglich zu üben; das entspricht vielleicht nicht gerade den Wunschvorstellungen eines Achtjährigen. Aber da Vater und Mutter es dir schmackhaft zu machen versuchen und du ihnen Freude bereiten möchtest, bringst du einige Zeit damit zu, regelmäßig zu üben. Eines Tages sagt der Lehrer dann zu deinen Eltern: „Ihr Kind ist sehr begabt, muß die Begabung aber weiter entwickeln, wenn etwas daraus werden soll." Und so reden deine Eltern wieder mit dir und ermutigen dich, noch intensiver zu üben.

Zu diesem Zeitpunkt stehst du vor einer Reihe wichtiger Entscheidungen, die du sehr früh in deinem Leben treffen mußt. Sie legen fest, welchen Stellenwert die Musik für dich in deinem künftigen Leben haben wird, wie tief du in ihre Geheimnisse eindringen willst. Zu diesem Zeitpunkt verlangt noch eine weitere Frage nach Aufschluß: Widmest du dein Leben der Musik nur, weil man dir gesagt hat, daß du sehr begabt bist?

Wieder eine Entscheidung — und ihre Durchführung verlangt von dir äußerste Selbstdisziplin, eine Fähigkeit, dich in etwas „einzuhaken", auch wenn du weißt, daß du viele Stunden am Tage hart üben und auf viele der üblichen Vergnügungen der Jugendzeit verzichten mußt. Es geht um zweierlei, um die Herzenergie und die Fähigkeit, konzeptionell zu planen. Mit anderen Worten: Nur ein Gleichgewicht zwischen Kopf und Herz erlaubt den großen Musikern, die Reise zum Höhepunkt ihrer musischen Fähigkeiten anzutreten.

Musik ist natürlich etwas sehr Spezielles. Ob du nun vokal oder instrumental musizierst, Musik verbindet dich unweigerlich mit dem Zentrum, dem Ausgangspunkt der Kreativität. Es ist wahrhaft beglückend, ein Zentrum zu erreichen. Einem Musiker gelingt es immer, wenn er fühlt, daß ihm die Gestaltung eines schönen Stückes in besonderer Weise glückt. Denn es gibt keinen großen Musiker, der nicht an allem weiter feilen will. Dringt er während des Vortrags ins Zentrum vor, sprechen wir von einem schöpferischen Höhepunkt in seiner künstlerischen Laufbahn. Viele interpretieren die Musik der großen Komponisten. Doch im Neuen Zeitalter werden immer mehr Musiker dazu übergehen, sich mit ihren musischen Fähigkeiten auf die spirituelle Ebene einzustimmen und ihren Vortrag frei zu gestalten.

Mußt du nun ein ausübender Musiker sein? Nein, natürlich nicht; du brauchst nicht jahrzehntelang Tonleitern zu üben, um dich als ein göttliches Instrument zu fühlen. Aber im allgemeinen wirst du mit deiner Kunst am erfolgreichsten sein, wenn du gewissen Verhaltensmustern folgst, einschließlich der Selbstdisziplin und der Fähigkeit „dranzubleiben". Dann wirst auch du eines Tages die Erfüllung erfahren, die man erlebt, wenn man in die Schwingung des strahlenden Kerns eintritt.

Musik ist von Natur aus Schwingung. Wie oft hast du eine bestimmte Schwingung verkörpert und ihr erlaubt, dein Verständnis von dir selbst zu erhöhen? Oft, das weiß ich. Musik wird zum synchronen Dolmetsch deiner Göttlichkeit, wenn sie sich immer klarer in den Plan einfügt. Das Musizieren schenkt dir viele schöpferische Möglichkeiten, deine Emotionen auszudrücken. Steckst du tief im Transformationsprozeß, kann Musik zum Weg werden, dich ins Gleichgewicht zu bringen. Ich weiß, daß einige von euch ihre Aktivitäten eher einschränken als ausbauen. Doch wenn du gelernt hast, dich musisch auszudrücken, wird dein Sein in Fluß geraten, und wird dieser Fluß sich auch in andere Bereiche ausbreiten. Die musische Verkörperung durchbricht bestimmte Widerstandsbereiche und erleichtert dem kreativen Fluß den Zutritt. Frage dein inneres Wissen, ob dies für dich gilt.

Jedenfalls möchte ich dir vorschlagen, einige deiner natürlichen musischen Ausdrucksweisen einzusetzen, um dich ins Gleichgewicht zu bringen. Summe vor dich hin oder spiele ein Instrument, verbinde dich mit jenem Pulsschlag, der Widerstände oder Kristallisationen buchstäblich auflösen kann, gib dich der Harmonie hin, deren Schwingung dich mit neuen Ebenen deiner Kreativität verbindet. Vereine dich mit der Musik, entwickle dich durch sie weiter. Warum summst du nicht ein wenig zwischen den Kapiteln dieses Buches?

Kapitel 29

DER TANZ DER SCHÖPFUNG

Ich sehe die Schöpfung vorzugsweise als Tanz. Unter Schöpfung verstehe ich den Prozeß der Manifestation, das Göttliche, das sich auf jeder Ebene manifestiert. Das schöpferische Prinzip unterliegt einem grenzenlosen Prozeß, der, sich selber spiegelnd, immer weiter ausgreift, immer freiere Bahnen zieht und sich selbst vervielfacht. Ich empfehle euch die Kapitel „Vielschichtigkeit des Selbst" (Kapitel 8) und „Freier Fluß" (Kapitel 13) und noch einige andere, die in diesen Zusammenhang passen.

Tanz ist, recht bedacht, ein wahrhaft evolutionärer Prozeß. Ein neuer Tanz wird erfunden, um einen bestimmten Grundrhythmus zu erforschen und zu genießen. Man ist sich der Struktur des Tanzes nicht immer voll bewußt. Viele eurer modernen Tänze scheinen völlig unstrukturiert zu sein, aber das ist nicht so. Sie basieren vielmehr auf einem bestimmten Rhythmus oder, so könnte man auch sagen, sie entstehen, indem man sich zu einem bestimmten Takt oder Rhythmus bewegt. Dieser Basistakt oder -rhythmus ist das Unterstützungssystem, auf dem der Tanz erschaffen wird. Auch die Schöpfung braucht immer einen Pulsschlag, den der Schöpfer ihr unterlegt.

Wenn ihr über die verschiedenen Arten des Tanzes nachdenkt, erkennt ihr, daß sie durch die Erprobung verschiedener Rhythmen entstanden sind. Das bedeutet ganz einfach, daß die Quelle immer wieder ihren Modus operandi oder, wenn ihr so wollt, ihren rhythmischen Plan ändert.

Ich habe ausführlich über kosmische Tage gesprochen. Ein kosmischer Tag, um es kurz zu wiederholen, ist ein umfassendes Konzept, in dessen Rahmen die vollständige schöpferische Erforschung eines Themas erfolgen kann. Hier kommt das Thema der Vielfalt in der Einheit auf. So, wie es viele Rhythmen und Takte in einem übergeordneten Metrum gibt, so gibt es den Herzschlag all der vielen Menschen, der sich in den Puls des riesigen kosmischen Herzens einfügt, innerhalb dessen die gesamte Menschheit existiert. Aus den vielen Herzschlägen oder Rhythmen, die sich zusammen ausdrücken, entwickelt und verändert sich der Grundrhythmus des kosmischen Herzens.

Ich halte das für wichtig, denn es bedeutet, daß in einem Tanz und seinem Ausdruck bereits der nächste steckt. Denkt nur an die einzigartigen Tänze, die eure verschiedenen historischen Kulturen ausgebildet haben, und erforscht ihr Wesen, dann werdet ihr erkennen, daß sich aus einem Tanz immer wieder ein anderer entwickelt hat, und aus diesem dann der nächste und so fort. Die tänzerische Erforschung eines Rhythmus bringt einen Ausdruck hervor, der einen neuen Tanz auf anderer Ebene ermöglicht, die Veränderung der allumfassenden Gliederung der Zeit gibt einem weiteren Tanze grünes Licht. Ein Stil bereitet dem folgenden den Weg. Ein gutes Beispiel ist die Jazzentwicklung. In den zwanziger Jahren folgte auf den New Orleans der Swing und dem der Bebop, der wiederum dem Cool Jazz und dem Free Jazz die Pforten öffnete; und obwohl sie so verschieden klangen, blieben sie doch Teil derselben Richtung. Ähnlich verhält es sich mit dem Rock'n'Roll, der in den Beat- und Diskosound einmündete. Ich schreibe keine Dissertation über bestimmte Musiktypen, die in einer Entwicklungslinie stehen, denn einige von ihnen blieben neben anderen bestehen, wie die Dixi-Renaissance belegt. Wenn ein bestimmter Tanztyp einmal erschaffen ist, existiert er für alle Ewigkeit und kann in seiner Einzigartigkeit gewürdigt und genossen werden. Aber aus diesem Kontakt mit dem Basisrhythmus entsteht eine Hauptströmung, welche das Massenbewußtsein der Menschheit benutzt, um sich schöpferisch in ihr zu bewegen.

Wißt ihr, daß für ein Gebäude mit sehr vielen Stockwerken eine bestimmte Anzahl unterschiedlicher Fahrstühle vorgesehen ist? Einige befördern euch in die Stockwerke der unteren Hälfte und nehmen einen großen Teil des Publikumsverkehrs auf. Die zu den oberen Stockwerken wollen, benutzen erst den Expreßlift, der nur an wenigen Stockwerken hält. Er bewegt sich statt dessen doppelt oder dreimal so schnell, um das gewünschte Stockwerk rasch zu erreichen.

Es sieht vielleicht so aus, als ob ich den Faden verloren hätte, aber das ist nicht so. Viele brauchen für ihren Transformationsprozeß einen Fahrstuhl, der gemächlich von Stockwerk zu Stockwerk fährt, gewissermaßen also innerhalb des Hauptstroms des Massenbewußtseins. Einige aber haben gelernt, den Expreß zu den höheren schöpferischen Ebenen zu benutzen. Sind sie damit etwas Besseres als die Fahrgäste des „Bummellifts"? Natürlich nicht. Sie haben vielleicht die unteren Stockwerke bereits erkundet und bewegen sich jetzt auf einer Ebene des schöpferischen Tanzes, die den höheren Stockwerken entspricht. Sie sind neugierig auf die Erforschung der neuen Rhythmen, die ihr Bewußtsein erweitern und Aufschluß darüber geben, wieviel Ebenen tatsächlich vorhanden sind. Dem schöpferischen Tanze hingegeben, werdet ihr euch aller vorhandenen Rhythmen bewußt und erlebt sie als Teil von etwas Größerem, das sie alle zusammenhält.

Es gibt keine Abwertung des Massenbewußtseins und seines Tanzes, der mehr ein Schreiten ist. Die folgenden Bereiche solltet ihr euch ansehen, um euren Tanz durch die Schöpfung zu klären: eure Beziehungen innerhalb des freien Flusses, euer Verhältnis zum Evolutionsprozeß und zum konzeptionellen Bereich. Ganz sicher ist es notwendig, die Polaritäten zu erforschen, euren Selbstwert, eure Sicherheit, euer Vertrauen und alle anderen Herzqualitäten. All dies muß noch mehr verstanden werden, um euren einzigartigen Tanz anzunehmen. Ganz wichtig ist auch der Bereich der Kristallisation, des Widerstandes und der Akzeptanz. Ich würde sagen, ein Hauptschlüssel für den Tanz durch die Schöpfung ist das Vertrauen. Vertraut darauf, daß das Göttliche in euch tanzen will, auch wenn bestimmte Aspekte von euch nicht sehen können, wie das wohl geschehen soll.

Kapitel 30

GLEICHGEWICHT

Ihr versucht alle, in ein größeres Gleichgewicht zu kommen. Aber was bedeutet das Wort „Gleichgewicht" wirklich, und wie erlangt man es? Gleichgewicht ist Weg und Ziel zugleich. In Wahrheit ist es ein Integrationspunkt, an dem sich Perspektiven so zusammenfügen, daß sie sich nicht gegenseitig hindern. Damit wird ein größeres Ganzes geschaffen, eine klarere und bewußtere Perspektive. Etwas, was in der Waage ist, hat immer ein höheres Bewußtsein. Interessant ist, daß das Gleichgewicht für den einen Menschen nicht das gleiche ist wie für den anderen. Wenn du jemand bist, der seine Gefühle begraben hat, weil seine Perspektiven eher mentaler Natur sind, brauchst du für den Ausgleich zwischen deinem emotionalen und mentalen Körper eine andere Art von Gleichgewicht als jemand, der sein Leben im wesentlichen über seine Gefühle wahrnimmt und nun versucht, sie in Übereinstimmung mit dem Mentalen zu bringen.

Um einen ausgeglichenen Standpunkt zu erreichen, setzt man alle seine Stärken ein, die zur Verfügung stehen, schaut sich an, was im Wege steht, und beseitigt genügend viele Hindernisse, um ein Gleichgewicht zu schaffen. Nehmen wir an, ihr habt mentale Stärken, und euer Emotionalkörper muß gereinigt werden. Um die mental-emotionale Perspektive ins Gleichgewicht zu bringen, müßt ihr tief in eure emotionalen Widerstände gehen; das Gleichgewicht wird sich einstellen, wenn die mentalen Stärken den Gefühlen genügend Ausdrucksmöglichkeiten bieten, um einen erneuten Kontakt mit der ausgewogenen Perspektive zuzulassen.

Das möchte ich euch erklären. Hast du je beobachtet, wie zwei Menschen die gleichen Tanzschritte ausführten? Dann wirst du wissen, daß jeder von ihnen in diesen Tanz sein ihm auf den Leib geschriebenes schöpferisches Talent einbringt, das seine Stärke ausmacht. Deine Stärken sind der Teil des göttlichen Ausdrucks, den du schon in dir erkannt hast oder der während deines Tuns just an die Oberfläche kommt. Der Schlüssel zu deiner Evolution liegt im Erkennen deiner Stärke. Wenn du um sie weißt, kannst du sehen, was ihnen den Weg verlegt, indem du tief in dein Unbewußtes tauchst, dort einige der Verhaue entfernst oder so viel von ihnen abräumst, daß du ins Gleichgewicht gelangst, welches dich mit dem spiralförmigen, alles umfassenden Evolutionsprozeß in Berührung bringt. Erinnere dich: Wenn du eine sogenannte Polaritätsspaltung oder einen Widerstand gegen den Gebrauch der Stärke aufgelöst hast, kannst du in den grundlegenden Evolutionsprozeß, den der Schöpfer der Existenz überlagert hat, eintreten. Es bedarf keiner großen Energie, um in den Fluß der Evolution zu kommen. Der Prozeß erwartet von dir lediglich, daß du die widerstrebenden Blockaden gehenläßt. Das setzt dich in ein natürliches Gleichgewicht, welches einen dynamischen Kontakt in dein Leben bringt.

Ihr alle laßt es euch sauer werden, um die dynamische Energie zu verstehen, aber das ist nicht nötig. Ich wiederhole: Es ist keine Anstrengung erforderlich, um mit der dynamischen Energie in Kontakt zu geraten. Du brauchst lediglich im Gleichgewicht zu sein; das genügt, um in dir die dynamische Energie zu entfachen und zu unterhalten, und so kann der Evolutionsprozeß vor sich gehen. Seht ihr, daß der Schöpfer doch an alles gedacht hat? Es gibt buchstäblich nichts, was er dem Zufall überlassen hätte. Wo immer und wann immer ein Gleichgewichtspunkt erreicht ist, zündet ein Kontakt zur dynamischen Energie. So kann die Suche nach dem Gleichgewicht zum Schlüssel werden, um die dynamischen Qualitäten in euch und im Universum bewußter kennenzulernen und in sie hineinzuwachsen.

Kapitel 31

POLARITÄTSSPALTUNG

Unter einer Polaritätsspaltung verstehe ich Glaubenssätze, die behaupten, daß Polaritäten, weil gegensätzlicher Natur, niemals zusammenwirken oder gar harmonisieren können. In den Bereichen deines Lebens, wo eine Polaritätsspaltung auftritt, wird die eine Kraft immer die andere zurückweisen, weil keine von beiden in der Lage ist, die Wechselpole gleichzuschalten. Damit berauben sie sich jeder Aussicht, durch Kommunikation die Integration zu erlangen. Unter Kommunikation verstehe ich hier etwas, was über die menschliche Ebene weit hinausreicht; es geht nicht nur um Kommunikation mit Menschen, sondern mit allen Aspekten eures Selbst, also mit den anderen Königreichen, dem Pflanzen-, Tier- und Mineralreich, mit der alles umfassenden Erdperspektive, dem Massenbewußtsein und ganz sicher mit der gesamten spirituellen Schau.

Wer durch seine Polaritäten gespalten ist, ist buchstäblich immer in Bewegung. Aber diese Bewegung, die leicht entsteht, wird nie als hilfreich angesehen, sondern als trennend und entfremdend. Gleichgültig, ob ihr in einem männlichen oder weiblichen Körper seid, die Glaubenssätze besagen einfach: „Männer erkennen die Frauen nicht an und Frauen nicht die Männer." Oder: „Die rezeptiven Energien werden nie von den dynamischen und die dynamischen nie von den rezeptiven unterstützt." Sie haben sich im Bereich des Schöpferischen getrennt und gehen in entgegengesetzte Richtungen. Daher ist jede Integration schwierig, denn sie prallt stets auf sehr viel Widerstand, der jede schöpferische Aktivität in viele Teile aufsplittert.

Habt ihr mal einen Spiegel gesehen, der durch einen Steinwurf zersprungen ist? Viele Teile des Glases sind als Bruchstücke noch vorhanden, so daß der zersprungene Spiegel durchaus zu gebrauchen ist, aber die Splitter erlauben kein befriedigendes Gesamtbild mehr. Eine Zersplitterung ist kaum zu beheben, wenn man nicht direkt in den Bereich der Polaritätsspaltung hineingeht. Wenn dir also gesagt wird, daß Integration ein wichtiges Thema für dich ist, dann nimm dir deine Glaubenssätze über die Polaritäten vor; denn sie sind meist der tiefere Grund für deine Schwierigkeiten mit der Integration. Dieses Thema läßt sich aber auch anders betrachten: Wenn du in deinem Leben ohne Erfolg versuchst, deine schöpferische Grundlage auszuweiten, wenn immer dann, wenn du eine neue Anstrengung unternimmst, alles über dir zusammenbricht, so daß es dir unmöglich erscheint, damit fortzufahren, dann frage dich, ob du nicht heimlich davon überzeugt bist, daß die Polaritäten gar nicht zusammenarbeiten können, daß sie nicht in der Lage sind, gemeinsam schöpferisch tätig zu sein und ihre Ziele zu vereinigen.

Eine grundlegende Ursache für die Polaritätsspaltung sehen viele auch in der Quelle und ihrer sich weiterentwickelnden Perspektive. Die tiefsitzenden Irrtümer in diesem Bereich folgen Glaubenssätzen wie: „Wenn die Quelle sich in viele individuelle Perspektiven aufteilt, kann sie nicht mehr mit derselben Kapazität empfangen wie vor der Teilung. So werden die männlichen oder dynamischen Energien, die in diesem Falle die Evolution der Quelle repräsentieren, von den aufgeteilten (individuellen) Perspektiven, denen es anscheinend unmöglich ist, etwas zu empfangen, abgetrennt." Es sieht dann so aus, als ob das Empfangenkönnen buchstäblich eine der Evolution oder dem dynamischen Prozeß entgegengesetzte Kraft ist. Mit anderen Worten, wenn die Evolutionsspirale verschiedene Ebenen des Empfangens durchläuft, scheint dies jede Ebene der Kreativität aufzuspalten und ihr zu verwehren, so vollständig zu empfangen, wie die Quelle in ihrer unbegrenzten Art und Weise dazu in der Lage wäre.

Nun mögt ihr mir entgegenhalten: „Wieso ist das eine falsche Annahme? Ist jeder einzelne Teil wirklich in der Lage, so viel zu empfangen wie die Gesamtheit?" Nun, er ist schon fähig, innerhalb seiner eigenen Perspektive unbegrenzt zu empfangen. Aber es ist nicht so, daß er genau dasselbe empfängt wie die Perspektive, die ihn geboren hat. Nachdem er durch den Individualisierungsprozeß gegangen ist, sollte er nicht in der gleichen Weise empfangen wie vorher. Aufgrund seiner Evolution ist er aber fortwährend dabei, seine einzigartige Perspektive zu klären und einzubringen, und dies ist sicher eine Perspektive der Ganzheitlichkeit. Nirgendwo im Universum werden schöpferische Leistungen wiederholt. Das ist nicht so geplant und auch nicht nötig. Aber durch die Polaritätsspaltungen sind Glaubenssätze entstanden, die besagen: „Wenn etwas nicht so ist, wie es immer war oder wie die Quelle es schon in ihrer allumfassenden Perspektive gesehen hat, dann kann es sich nicht um eine integrierte Perspektive der Ganzheitlichkeit handeln." Und da liegt der Irrtum. Ihm liegt eine Interpretation zugrunde, die verkennt, daß die einzigartigen Funken der Schöpfung buchstäblich die neugeborene Quelle selbst ausmachen und daß alle diese neuen Perspektiven gemeinsam die umfassende, vereinte Perspektive schaffen, die wir Evolution nennen.

Laßt uns das an einem Beispiel der Erziehung verdeutlichen. Nehmt ein Elternpaar, das seinen Kindern alles das zu vermitteln sucht, was es im Leben für wichtig hält, also vor allem seine ethischen Grundsätze wie Prinzipientreue oder Verantwortungsgefühl. Die Eltern bekommen jedoch bald zu spüren, daß ihre Kinder in vielen Dingen eine ganz andere Vorstellung vom Leben haben als sie selbst. Wenn sie weise sind, begnügen sie sich damit, ihren Kindern lediglich einen Rahmen zu setzen, innerhalb dessen sich ihre Sprößlinge auf die ihnen eigene schöpferische Weise entwickeln können. Durch Gespräche und gegenseitigen Austausch ermutigen die Eltern ihre Kinder, ihr einzigartiges Potential auszuschöpfen.

Das Universum ermutigt einzigartige Perspektiven. Das bedeutet keineswegs, daß schöpferische Leistungen abgespalten werden oder daß Kinder weniger kreativ als ihre Eltern sind, in welchem Alter sie auch immer stehen. Der zehnjährige Sohn ist so ideenreich wie der Vater, seine Schöpfungen manifestieren sich nur anders. Tatsächlich ist es so, daß ein Zehnjähriger manchmal offener für neue Einfälle ist als ein Älterer, da er als Anfänger weniger voreingenommen ist. Erwachsene stemmen sich hin und wieder stur gegen jede Veränderung auf der physischen Ebene!

Es ist daher wichtig, jeden in seiner Kreativität zu unterstützen, ob er nun einzigartige Schöpfungen zustande bringt oder nicht. Jeder ist ein unvergleichlicher Schöpfer, und wenn die Menschheit Ernst damit machte, die Kreativität jedes einzelnen zu schätzen und zu fördern, statt einem veralteten Schulsystem zu erlauben, ein Massenverhalten zu züchten, sähen die Schöpfungen der Erde mehr so aus, wie es der Natur entspricht. Ich will damit nicht irgendein bestimmtes Erziehungsprogramm bekritteln, ich möchte nur darauf hinweisen, daß die Polaritätsspaltung während der Ablösung des Individuums vom Schöpfer zuerst einmal eine Art Enttäuschung über die Gleichschaltung innerhalb eines Systems hervorgerufen hat. So scheint alles, was physische Reaktionen erzeugt, die einander ähnlich sind, auf eine derartige Gleichschaltung hinauszulaufen und diese Frustration auszulösen. Ich sehe das ganz anders. Was auf der Erde tatsächlich fehlt, ist die Ermutigung zu individueller, einzigartiger schöpferischer Leistung, so daß die kosmische Gleichartigkeit auf der Erde entstehen oder erkannt werden kann.

Ich möchte damit sagen, daß diese Polaritätsspaltung zwischen der Menschheit und dem Schöpfer so tief im Massenbewußtsein verankert ist, daß sie in der Regel durch eure Erziehungssysteme nur noch untermauert wird. Es gab bestimmte Eltern oder Lehrer, die erkannten, wie wichtig es ist, die einzigartige Kreativität zu fördern, und es gab viele, die dies nur zu gern getan hätten, aber im Glauben standen, das System lasse so etwas niemals zu. Ein wichtiger Schlüssel, der diesen Bereich der Polaritätsspaltung verändern könnte, liegt darin, zu erkennen und zu akzeptieren, daß es ein System gibt, welches die volle Entwicklung der einzigartigen Kreativität unterstützt, daß es möglich ist, dies zu integrieren, und daß es nicht unbedingt zu einer Abspaltung vom System kommen muß, wenn man dies zuläßt. Es ist hochinteressant, die Entwicklung der 60er Jahre in den Vereinigten Staaten zu betrachten, wo die jüngere Generation sich gegen ein Erziehungssystem wehrte, das sie als Unterdrückung empfand. Sie glaubte, daß sie das System zwingen müßte, ihr die uneingeschränkte Kreativität im Leben zuzugestehen. Das System hat sich durch diese Aktionen tatsächlich etwas ausgedehnt, aber es wäre sicherlich besser gewesen, wenn sich die Vertreter des Systems mit der jüngeren Generation zusammengesetzt hätten, um gemeinsam ein neues Erziehungssystem zu entwickeln.

Ihr solltet darüber nachdenken. Jetzt aber möchte ich auf eine persönlichere Ebene zurückkommen. Wenn du als Individuum wirklich glaubst, daß das System deine Kreativität unterstützt, wird es auch so geschehen. Es kommt überhaupt nicht darauf an, wie begrenzt das System für andere aussieht, ihr werdet die gewünschte Unterstützung finden. Sie mag auf ungewöhnliche Weise zu dir kommen, aber sie wird eintreffen, denn, mein Freund, das ist der natürliche Zustand oder der alles umfassende Rahmen, den der Schöpfer dir hier auf der Erde gesetzt hat. Die Erde ist in dieser Hinsicht klarer denn je zuvor. Das mag insgesamt nicht so aussehen, aber ihr könnt bereits überregionale Verbindungen entdecken, die verschiedene regionale Einrichtungen in einem größeren System zusammenfassen, und das bietet auch größere Unterstützung.

Wenn du einer Polaritätsspaltung auf die Spur gekommen bist und du sie zu verstehen suchst, schau, ob Gefühle wie Verrat, Verlust, Entfremdung, Trennung, Ärger und Frustration Teil der Perspektive des Emotionalkörpers sind. Es gibt verschiedene Grade von Polaritätsspaltungen. Einige von euch spalten sich nur von bestimmten Aktivitäten ab, haben insgesamt aber eine weitgehend integrierte Perspektive. Andere zeigen die Symptome einer allgemeinen Spaltung, so daß nahezu jeder Aktivität der Kontakt mit der empfangenden Seite versagt wird; sie wird buchstäblich wieder ausgeworfen. So kommt es, daß ein unentwegter zielbewußter Drang, der auf eigene Faust vorgeht, neben dem auf sich gestellten Bedürfnis, in Ruhe zu empfangen, herläuft, ohne daß sie voneinander wissen. Es funktioniert so wie ein Bumerang: jede Vorwärtsbewegung wirft dich wieder zurück.

Um diese Polaritätsspaltung zu beenden, ist es wichtig, ein klares Verständnis der dynamischen und rezeptiven Energien zu bekommen und die Glaubenssätze herauszufinden, die davon handeln, wie beide miteinander umgehen. In vielen von euch wirken bis zu zwölf Ebenen auf diesen Bereich der Spaltung ein. Letztendlich führt ihre Auflösung zu einer Vereinheitlichung eurer Kreativität. Ihr könnt euren Herzbereich als Sprungbrett in das integrierte Schöpfertum benutzen.

Ich möchte euch auch auf die Kapitel „Überbrückungsprozesse" (Kapitel 4), „Unterstützung durch die Seele" (Kapitel 7), „Bedingungslose Liebe" (Kapitel 11), „Freier Fluß" (Kapitel 13) und „Eltern-Kind-Beziehung" (Kapitel 19) hinweisen. Daneben gibt es auch in verschiedenen anderen Kapiteln Hinweise zu diesem Thema. Ich hoffe, daß die Klärung eines Bereichs die Brücke zum Verständnis der anderen Komplexe schlägt.

Kapitel 32

GALAKTISCHE KONTAKTE

Galaktische Kontakte scheinen für die Menschheit etwas sehr Entlegenes zu sein, aber der Grund, warum ich hier darüber spreche, liegt darin, daß die Menschheit jetzt dafür bereit ist. Nicht jeder Mensch natürlich, aber der nächste Schritt der Menschheit besteht in der Erkenntnis, daß es Nachbarn gibt. Eure Nachbarn sind nicht nur die Planeten des Sonnensystems, mit denen die meisten von euch vertraut und die von euren Forschungssatelliten bereits besucht worden sind. Aber es ist wichtig zu erkennen, daß es da draußen eine ganze Galaxie gibt, und es gibt buchstäblich Tausende, ja Millionen von Planeten, die ihr besuchen, erforschen und auskosten könnt. Ihr habt gerade erst den Zipfel dieses großen Abenteuers in der Hand. Im Neuen Zeitalter werdet ihr auf diesem Planeten mehrere Raumflughäfen haben, um von ihnen aus die vielen anderen Planeten zu besuchen.

„Star Trek" und „Star Wars" (Krieg der Sterne) sind keine Phantasien oder Träume eurer Science-Fiction-Schreiber, sondern Dokumentationen dessen, was im Weltraum geschehen wird, wenn ihr euch dahin ausdehnt. Man könnte sagen, es sind Szenen, die aus Zukunftsereignissen der Erde und anderer Planeten ausgewählt wurden. Es wird viel Aufregendes geschehen, wenn sich die Kulturen mischen, wenn ihr euch neuen, ungewöhnlichen Handlungsweisen gegenüberseht und offen genug seid, Wesen mit anderen Perspektiven, Hautfarben, Körperformen oder ganz ohne Körper kennenzulernen. Das wird Teil der Lektionen für die zukünftige Menschheit sein, denn für euren Planeten ist die Zeit gekommen, dem Bündnis der Planeten beizutreten, das den interplanetarischen Verkehr regelt und absichert sowie die interplanetarischen Beziehungen zwischen den Nachbarn pflegt. In nicht allzu ferner Zukunft werdet ihr Botschafter in das galaktische Zentrum schicken, um sich dort mit den Abgesandten vieler anderer Planeten zu treffen. Vorher werdet ihr Unterhändler an eure Sektion der Galaxie senden, denn euer Sternsystem ist so groß, daß es von verschiedenen Organisationen in getrennten Sektoren betreut wird. Anschließend sucht ihr das Zentrum auf und werdet dort alles erfahren entsprechend den Regeln und der allgemeinen Führung der Föderation.

Seid ihr dazu bereit? Du magst denken, das sei der Fall, und freust dich auf dieses neue Abenteuer, auf diesen neuen Lebensaspekt. Aber bist du wirklich vorurteilsfrei genug, Wesen zu akzeptieren, die eine andere, zum Beispiel alligatorähnliche, Haut oder mehr als zwei Arme, eine andere Kopfform oder gar einen Schwanz haben? Es gibt viele verschiedene Verkörperungsarten, obwohl eure Körperform als sogenannter Adam-Cadmon-Typ allgemein verbreitet ist. Es gibt eine Anzahl von Varianten davon, aber auch viele Wesen, die eine ganz andere Art der physischen Struktur benutzen. So bist du darauf angewiesen, die Herzqualitäten zu erkennen; denn alle diese Strukturen haben so etwas wie ein Herz, ein Zentrum, das sie mit der spirituellen Ebene verbindet. Aus der Bewegung in ihren Herzen kannst du die Absichten der außerirdischen Raumbrüder ablesen, denen du früher oder später auf der Straße begegnen wirst. Diejenigen, die einen Adam-Cadmon-Körper haben oder in der Lage sind, einen solchen zu projizieren, wirst du nicht als Raummenschen erkennen, aber sie mögen dich um Hilfe bitten und dir mitteilen, daß sie jemanden suchen, der sie in eure Gesellschaft einführt und sie mit diesem Planeten vertraut macht. Tatsächlich mag dir einer zugeteilt werden, nicht gleich jetzt, aber später, vielleicht in fünfzig Jahren, wenn ein Austauschprogramm aufgestellt worden ist.

Wenn ihr das Gefühl habt, von einem Außerirdischen aufgesucht zu werden, stimmt euch auf ihr Herz ein: Gibt es dort eine Bewegung, geht von ihr Liebe aus? Viele Menschen verfügen nicht über sehr viel Liebe, ihre Herzen sind ziemlich verschlossen, und trotzdem gibt es dort eine Art Bewegung, und genauso ist es auch bei den Raumbrüdern. Empfindet ihr indes nichts als Kälte im Herzen, ist es vermutlich besser, auf diese Bekanntschaft zu verzichten, und diese Regel gilt natürlich auch für Erdlinge mit solcher Herzstruktur, denn es bedeutet, daß sie sich vom Licht getrennt haben und auf persönliche Macht aus sind. Aber die meisten, die ihr treffen werdet, sind liebevoll um eure Bekanntschaft bemüht und voll Eifer, die Menschen zu erforschen und zu verstehen.

Ich hoffe, daß sie euch willkommen sind. Ihr werdet sehr viel aus diesen Kontakten lernen, denn ihr werdet die Gelegenheit haben, ihnen jede Art von Fragen zu stellen. Als Antwort erhaltet ihr Informationen über Regierungsformen, die ganz anders als die euren funktionieren, über andere Landschaften und wie man mit ihnen umgeht, über die Pflanzen, Tiere und Mineralien auf ihren heimischen Planeten — und über ihre Wertvorstellungen. Wird dort nun alles gänzlich anders sein? Auf das Wesentliche reduziert, werdet ihr trotz der unendlich vielen Varianten Geschöpfe finden, die das gleiche brauchen wie ihr selbst: Sie haben eine — mehr oder weniger enge — Verbindung mit dem Schöpfer und sind an Wissenschaft, Musik und Kunst interessiert wie ihr hier auf der Erde. Die fundamentalen spirituellen Ebenen existieren in allen planetarischen Lebensformen. Einige von ihnen sind begrenzter, andere geordneter und besser organisiert, viele von ihnen haben äußerst friedliche Gesellschaftsformen entwickelt, aber auf Kosten der Kreativität, die gleichwohl in bestimmten Bereichen sehr gefördert wird und in großem Ausmaß entwickelt ist. Ihr werdet zum Beispiel einige sehr schöne Kunstformen auf anderen Planeten vorfinden.

Die neuen technisch-wissenschaftlichen und künstlerischen Informationen und Entwicklungen werden der Erde einen Schub geben, sie praktisch in das Neue Zeitalter hineinkatapultieren und Erfahrungen in euer Leben tragen, die ihr euch bisher nur in euren utopischen Romanen und Science-Fiction-Phantasien vorgestellt habt. Ich empfehle euch, sie zuzulassen. Die neuen Möglichkeiten sollen euch nicht überwältigen, sondern erlauben, daß ihr euch durch sie ausdehnt. Denn das ist der Sinn dieser neuen Kontakte.

Kapitel 33

DAS ZWILLINGSSEELEN-SYNDROM

Es gibt viele Möglichkeiten, sich die Dinge anzusehen. Es ist wahrscheinlich sogar wichtig, die Dinge aus unterschiedlichen Perspektiven zu betrachten. Es gibt niemals nur eine Art der Sicht. Das Thema der Zwillingsseelen kann ganz sicher von verschiedenen Gesichtspunkten aus gesehen werden. Zwillingsseelen sind für mich göttliche Perspektiven mit kompatibler Schwingung; sie stehen in solchem Einklang, daß sie sich in fast jedem Aspekt ergänzen. Sie spiegeln oder reflektieren einander so, daß jeder sich vollständig fühlt. Eine andere Möglichkeit, das Zwillingsseelen-Syndrom zu definieren, besteht darin, daß bestimmte Wesen als Nachbarn auf der Quellebene zwar nicht zur selben Zeit — die Quelle operiert nicht in sequentieller Zeit —, aber gemeinsam aktiviert worden sind. Ihre Bestimmung liegt in der Regel im gleichen spirituellen Bereich, und ihre Perspektiven passen aus göttlicher Sicht sehr gut zusammen.

Im allgemeinen existieren Zwillingsseelen zum Zwecke des gemeinsamen Dienens, aber wenn man von ihnen auf der physischen Ebene spricht, denkt das Massenbewußtsein an die Polaritätsverträglichkeit oder den Liebesaspekt; daher nennt man sie manchmal auch Zwillingsflammen. Das ist natürlich ein wichtiger Aspekt, aber noch fundamentaler ist die Stimulierung dieser beiden Seelen, durch die eine kreative Einheit entsteht; das löst buchstäblich einen Kontakt aus, der diese beiden Seelen als eine handeln läßt. Sie sind weder eins noch die Hälfte eines gemeinsamen Ganzen — sie sind in sich selbst ganz und heil, aber zusammen werden sie viel größer, ihre Perspektiven verzehnfachen sich mindestens, wenn sie als Einheit zusammenwirken.

Es scheint mir, daß einige der Theorien, die euch auf der Erde über Zwillingsseelen mitgeteilt werden, nicht vollständig sind. Wenn wir uns dieses Gebiet näher ansehen, können wir wohl zustimmen, daß auf der Erde in der Regel immer jemand existiert, der durch eine Vereinigung mit einem anderen eine kreative Vervollständigung herbeiführt. Aber aus meiner Sichtweise braucht ihr nicht nur eine, sondern vielleicht drei, vier oder fünf Personen, mit denen ihr diese Vervollständigung erreichen könnt. Im ganzen Kosmos warten auf jeden von euch vermutlich zwei- bis dreihundert Seelen, mit denen ihr diese Ebene der Erfüllung erreichen könnt. Ich weiß, es ist romantisch, wenn ein einziges Wesen, nur für dich bestimmt, als deine Zwillingsflamme erschaffen wurde, aber diese Sichtweise verkennt die Fähigkeiten des Universums, seine Ziele auf verschiedene Arten und vielen Ebenen zu erfüllen. Es gibt immer mehrere Wege, und es ist nicht logisch anzunehmen, daß es nur eine Zwillingsseele gibt. Zwillingsseelen sind Spiegel, und gibt es nicht viele Arten der Spiegelung? Die Menschen lernen gerade, klare Spiegel füreinander zu sein. Ganz sicher ist der Spiegelungsprozeß ein Teil des Lebens auf der Erde. Mitmenschen spiegeln dir, was du noch nicht vollkommen verstehst, aber einen komplementären Spiegel zu haben, der dir die göttlichen Qualitäten entweder rezeptiv oder dynamisch auf eine Art nahebringt, die du annehmen und lieben kannst, ist meiner Meinung nach der Zweck der Zwillingsseelen.

Die Menschheit hat leider die Konzepte des Schöpfers nicht immer klar genutzt. Ich denke, daß wir das alle wissen. Ganz sicher bemüht ihr euch, Gelegenheiten beim Schopfe zu ergreifen und weise Pläne auszutüfteln. Das möchte ich nicht anzweifeln. Aber ihr habt noch nicht begriffen, was der wahre Zweck der Zwillingsseelen ist. So haben wir, eure Lehrer auf der spirituellen Ebene, bestimmte Seelen äußern hören: „Ich werde mit dieser komplementären Seele nicht in Berührung kommen, denn wenn ich das tue, erschaffe ich damit einen so intensiven Fokus, daß ich mich nur auf diese Seele konzentriere und alle anderen Lektionen des Lebens darüber vergesse." Ihr kennt alle jene Liebenden, die sich gegenseitig vollkommen mit Beschlag belegen und die Existenz eines anderen kaum noch wahrnehmen, so daß das Leben an ihnen vorübergeht. Das geschieht im allgemeinen nur in den Flitterwochen, aber es gibt tatsächlich Wesen, die so seelenverwandt sind, daß wir sie Zwillingsseelen nennen könnten. Sie lernen ganz sicher etwas über Liebe, aber es ist doch nötig, Liebe in einem größeren Rahmen zu erfahren als nur mit einer Person.

Ich möchte Zwillingsseelen nicht die Existenz absprechen. Für einige von euch ist das Verlangen nach einer Beziehung, die in vollkommenem Einklang steht, so wichtig, daß sie sich durch dieses Zwillingsseelen-Syndrom inspirieren lassen können, aber es sollte nicht als Entschuldigung herhalten, andere Kontakte oder Verantwortungen auf der Erde zu vermeiden. Ich, Vyvamus, bin ein spiritueller Therapeut. Ich übe diese Funktion auf den äußeren und ganz sicher auch auf den inneren Ebenen aus, und ich glaube, daß das Thema der Zwillingsseelen im Neuen Zeitalter viel klarer verstanden werden muß. Ich habe bis heute nicht viel darüber gesprochen, aber ich erkenne, daß diejenigen von euch, die eine so vollkommen aufeinander abgestimmte Beziehung auf der physischen Ebene erlebt haben oder nicht mehr weit davon entfernt sind, sich sehr danach sehnen, so etwas (wieder) zu erleben. Ich möchte dir sagen, daß du diese Art von Beziehung mit Sicherheit haben kannst; ob du es nun Zwillingsseele nennst oder nicht, ist ziemlich unwichtig. Innerhalb des Universums gibt es viele, die dich ergänzen, und du kannst unter ihnen immer einen finden, mit dem du ein Leben aufbauen kannst, in dem ihr schöpferisch im Einklang miteinander steht.

Kapitel 34

DIE DÄMMERSTUNDE

Die Dämmerung ist jene Zeit am Abend, wo die Sonne untergeht und nicht mehr sichtbar ist. Was bedeutet diese Tageszeit für dich? Es gibt Zeiten in deinem Leben, wo es so aussieht, als ob die Führung deiner Seele deutlich nachläßt. Du hast Mühe zu verstehen, wer du bist, und zu erkennen, daß alles Licht ist. Aber obwohl du um Verständnis ringst, kannst du scheinbar nichts wahrnehmen, was deine aktuelle Situation in diesem Augenblick erhellt. Emotional magst du dich abgeschnitten fühlen, mental magst du verwirrt sein, spirituell fühlst du dich mit der göttlichen Perspektive nicht sonderlich verbunden, und es mag Phasen des Leidens auch im physischen Körper geben. Im allgemeinen ist die Dämmerstunde ein Vorspiel zu einem großen Bewußtseinssprung.

Du hast vielleicht eine Lampe, die dein Zimmer bis jetzt ganz gut beleuchtet hat. Aber plötzlich meinst du, eine stärkere Birne könnte auch besseres Licht spenden, und durch eine andere Aufstellung der Lampe würde das Licht noch günstiger im Raume verteilt. So ziehst du den Stecker heraus, bringst die Lampe in die neue Position und schließt sie an einer anderen Steckdose an. Die Dämmerstunde ist der Zeitraum, der mit dem Herausdrehen der alten Glühbirne beginnt und mit dem Anschalten der Lampe an einer anderen Stelle des Zimmers endet. Sie ist eine gleichzeitig aktive und inaktive Zeitspanne: innerlich sehr aktiv, mag sie äußerlich sehr inaktiv erscheinen.

In der Dämmerstunde magst du nicht alle Aktivitäten, die in den Aspekten deines Selbst ablaufen, wahrnehmen, denn einer der spezifischen Glaubenssätze über diese Zeit besagt, daß weniger Licht verfügbar ist. So herrscht fast ständig ein Gefühl des Abgeschnittenseins und der Entfremdung. Aber wenn du dich objektiv etwas zurücklehnst und die Situation mit mir besprichst, kann dir das helfen: Du erhöhst einfach deine Lichtkapazität auf der Zellebene und positionierst diese erweiterte Lichtperspektive neu.

Man könnte sagen, daß du durch solch einen Prozeß klarer erkennst, was deine Rolle innerhalb der Menschheit und innerhalb des Ganzen auf der universalen Ebene ist, und dich deutlicher danach richtest. Es gibt immer wieder Anpassungsperioden. Du lernst, erkennst, wächst über das hinaus, was du gerade weißt. Während der Dämmerstunde sind deine vier Körper gleichzeitig einer Veränderung unterworfen; obwohl du klarer in jeder Perspektive deiner Körper wirst (spirituell, mental, emotional und physisch), kommt es zu einer Reihe von elektrischen Umschaltvorgängen, die einen integrierten Kontakt mit den vier Körpern zu diesem bestimmten Zeitpunkt nicht erlauben, und das ist manchmal sehr verwirrend.

Ich denke, daß es wichtig ist zu erkennen, daß jeder Mensch einige — drei bis höchstens sechs — sehr tiefe Bereiche hat, in denen er versucht, mit sich ins reine zu kommen. Bei den meisten gehört der Polaritätsbereich dazu. Wenn du in einem dieser Bereiche auf eine neue, umfassendere Verstehensebene gelangst, verändert sich buchstäblich alles. Man könnte sagen, daß deine elektrischen Leitungen neu verlegt werden. Der elektrische Fluß folgt jedoch noch immer den alten Gewohnheitsmustern und damit nicht dem göttlichen Vorbild, obwohl deine ätherische und physische Struktur es nun zulassen würde. Während der Anpassungsphasen, die ich die Dämmerstunden nenne, verlagert sich der elektrische Fluß von den alten in die neuen Muster, so daß du einen klareren Gebrauch vom freien Flusse deiner Seele machen kannst.

Auf die Veränderung in der elektrischen Betonung beginnen die Zellen dann zu reagieren. Es ist wie beim Hausputz im Frühjahr. Wenn du all das aussonderst, was du wirklich nicht mehr brauchst, kannst du dich freier im Hause bewegen, es stehen keine Hindernisse mehr im Weg. Deshalb kannst du während der Anpassungszeit der Dämmerstunde mit einigen Überraschungen rechnen, denn wenn ein Hindernis ganz plötzlich wegfällt, beginnt der natürliche Strom, der so lange schon blockiert war, zu fließen und schwemmt dir eine neue Gelegenheit, sei es nun eine Person oder eine Idee, ins Haus. Das ist dir erst sehr fremd, und du bekommst Angst davor.

Es scheint auf der Erde Zeit zu kosten, diese Anpassungsperioden zu durchschreiten und die neue Ebene des Bewußtseins richtig einzuschätzen. Der Mentalkörper und der spirituelle Körper sind natürlich die ersten, die dein Verständnis auf der neuen Ebene unterstützen. Der Emotionalkörper braucht eine Weile, um eine Verbindung zu dieser neuen Ebene herzustellen, und auch der physische Körper ist völlig ausgelastet mit der Aufgabe, das Unterstützungssystem zu stärken, das den erzeugten Lichtkontakt aushält.

So ist unsere abendliche Dämmerstunde in Wahrheit eine Zeit der Anpassung auf allen Ebenen, wo du anfängst, klarer auf den Ruf der Seele zu reagieren. Du beginnst auf diese Bewußtseinsebene zu lauschen und die Mittel einzusetzen, die sie dir zur Verfügung stellt.

Kapitel 35

EINHEIT MIT DER SEELE

Dein Ziel auf der Erde ist die vollkommene Einheit mit deiner Seele. Ob du es nun erkennst oder nicht, deine Seele hat zu diesem Zweck die Erde aufgesucht. Sie möchte durch dich in der physischen Existenz wirken. Du magst glauben, die Seele sei dazu nicht qualifiziert genug, aber tatsächlich weiß sie viel besser als deine Egopersönlichkeit, wie man mit der physischen Existenz umgeht. Deine Seele hat den Überblick über deine Mission, sie weiß, was sie erreichen will und wie das vor sich geht. Das bedeutet nicht, daß du keine Wahl mehr hast, denn du bist deine Seele, und dort ist deine Identität begründet.

Die Egopersönlichkeit ist eine Einheit, die du zwischen deine Seele und die Menschheit gestellt hast. Sie besteht aus vielen kleinen Verhaltensmustern, Verteidigungshaltungen und Programmen, die dich der Umwelt anpassen, die vermeiden, daß du bestraft wirst, die dich sozial voranbringen und dir helfen, die Wahrheit vor dir zu verbergen. Sie hat auch inspirierende Muster, Arbeitsmuster, Liebesmuster, die dich unterhalten und dich nähren. Diese Anhäufung von Programmen nennt man eine Persönlichkeit, und das Ego arbeitet hart daran, sie weiterzuentwickeln und zu schützen. Wenn die Seele sie durchdringen möchte, leistet sie entschieden Widerstand, all die Muster aufzugeben. Tatsächlich mußt du diese Persönlichkeitsebene nicht auflösen, sondern du mußt sie einfach übergeben, ihr immer noch erlauben, ihre Stärken einzusetzen, aber die Führung der Seelenebene anzunehmen. Damit läßt du wirklich das Beste beider Welten zu. Wenn deine Seele dich um etwas bittet, erlaube ihr, sichtbar zu sein, vertraue darauf, das sie weiß, was sie tut, und leiste keinen Widerstand wegen eines Bedürfnisses oder Wunsches, an dem du glaubst festhalten zu müssen. Wenn du diese Wünsche gehen läßt und dich dem Ganzen unterstellst, wirst du viel mehr Glück und Zufriedenheit erfahren.

Wenn du als Seele auf der Erde bist, erfordert das vollkommenes Vertrauen in die spirituelle Verbindung, und die hat dich deiner Ansicht nach oft genug verlassen. Was für dich wie ein Vertrauenssprung aussieht, ist tatsächlich aber nur eine Korrektur deiner falschen Wahrnehmung. Die wahre Ebene bietet dir ihre Führung an und schenkt dir die Zuversicht, daß du eins bist mit dem Schöpfer, mit der Menschheit und dem Königreich der Erde. Sie möchte, daß du sie alle für gleich wert hältst und daß du deine Arbeit auf der Erde fortsetzt.

Kapitel 36

UNBEGRENZTHEIT

Unbegrenztheit ist ein Begriff, der von mir, Vyvamus, und anderen spirituellen Lehrern immer wieder benutzt wird. Du hörst ihn und bemühst dich zu erkennen, was er bedeutet. Die Natur der Unbegrenztheit drückt sich darin aus, daß alles fortwährend wächst und sich verändert, sie stellt eine wachsende Perspektive in eine unbegrenztere Ausdrucksweise dar. Unbegrenztheit ist buchstäblich der Prozeß der ewigen Evolution, ohne den Wachstum gestört oder gar zunichte wird. Es gibt unterschiedliche Ebenen und Aspekte der Unbegrenztheit, innerhalb derer man alles über sie erfährt. Und mit Sicherheit ist in das göttliche Unterstützungssystem für die physischen Ebenen auch eine Ebene zur Realisierung der Unbegrenztheit auf diesem Planeten eingebaut.

Der planetare Logos, Sanat Kumara, hat als kosmisches Wesen mit seinem göttlichen Bewußtsein einen Rahmen erschaffen, durch den die Menschheit sich entwickelt, wächst und immer unbegrenzter wird. Wenn du den Rahmen oder die konzeptionelle Prämisse, die die Erde repräsentieren, vollständig erforscht hast, gehst du auf eine neue Ebene der Unbegrenztheit über, um diese zu erforschen. Beim Aufstieg von der Erde fühlst du dich unbegrenzt, wenn du den Kontakt mit dem göttlichen Unterstützungssystem, das durch das Bewußtsein von Sanat Kumara zur Verfügung steht, hergestellt hast. Durch diese integrale Perspektive fühlst du dich ganz und vollständig und im Grunde unbegrenzt.

Das ist die Art, wie der Plan wächst und sich durch verschiedene Ebenen fortentwickelt. Es geht so ähnlich zu wie in der Schule, die du Klasse für Klasse bis zum Abschluß durchläufst, indem du auf jeder Stufe das zu lernen trachtest, was die Schule dir als Lernstoff anbietet. Auch der Plan ist eine kreative Schule, die dich zu immer unbegrenzterem Ausdruck führt. Möglich, daß einige von euch die Schulbank nicht so intensiv gedrückt haben, wie es ratsam gewesen wäre, aber ihr alle gewannt an unbegrenzterem Ausdruck, wenn ihr lerntet, was die Schule euch anbot. Lernen ist also die Voraussetzung für den neuen unbegrenzten Ausdruck, der euch unabhängiger von Beschränkungen, Störungen und Entfremdung macht.

Auf der physischen Ebene ist nicht immer leicht auszumachen, daß man weniger begrenzt ist. Dieses Gebiet ist zu vielschichtig, um es leicht durchschauen zu können. Alte Verhaltensmuster, vergangene Leben, die Verbindung mit allen möglichen Aspekten der Erde und vor allem die mit Sanat Kumara tanzen kreativ in dir und trachten danach, ein Teil von dir zu werden. All das, was noch unverstanden in dir gärt, weil mit deiner neuen Sicht emotional noch nicht verbunden, hindert dich daran zu sehen, daß du heute unbegrenzter bist als gestern.

Das klingt kompliziert, laß mich dir deshalb ein Beispiel geben. Du hast eine Tanzschule aufgesucht, um dort einen neuen Tanz zu lernen. Kein Kursteilnehmer kennt ihn, und doch ist er auch keinem gänzlich fremd; denn der neue Tanz ist einer ganzen Reihe bereits bekannter Tänze ziemlich ähnlich. Nun ist es aber so, daß die Kursteilnehmer einen jeweils anderen Tanz im Kopfe haben, wenn es an die Erlernung der neuen Schritte geht. Nimm an, daß der Raum sehr groß ist und über zweitausend Paare faßt. Die Tanzlehrer haben die Grundregeln erklärt und gehen jetzt zwischen den tanzenden Paaren herum, um ihre Schritte zu korrigieren.

Es versteht sich von selbst, daß die vertrauten Schrittfolgen des alten Tanzes manchem noch im Wege stehen, sich auf die neuen Schritte einzulassen. Siehst du das Ganze aus einer gewissen Entfernung, ist es kaum möglich einzuschätzen, wieviel des neuen Tanzes tatsächlich schon angenommen wurde. Sieh dir das ganze Treiben an, es gibt immer welche, die nach altem Muster tanzen.

Glaubst du wirklich, daß hier ein neuer Ausdruck entsteht? „Ich kann das nicht klar sehen", höre ich einige von euch in euren Leben immer wieder sagen. Aber ihr könnt erkennen, daß jedes der zweitausend Paare der gesamten Gruppe hilft, den Tanz zu lernen, und jedes Paar gibt irgendwann die alte Schrittweise auf, und der gesamte Lernprozeß entwickelt sich und wächst. Nach zwei Monaten regelmäßiger Übung sieht alles ganz anders aus, das kannst du deutlich wahrnehmen. Der Rhythmus ist klarer, die Tanzfiguren werden mit größerer Sicherheit ausgeführt. Die Paare haben den neuen Tanz akzeptiert. Was bei der Einführung des Tanzes so schwierig zu erkennen war, tritt klar zutage: Jeder neue Schritt führte dich tatsächlich zu einer unbegrenzteren Ausdrucksweise.

Was du hier brauchst, ist Vertrauen. Wem vertrauen? Dem Prozeß. Dem göttlichen Prozeß, der dich Schritt für Schritt zu einer unbegrenzteren Ausdrucksweise führt. Du wächst täglich. Du entwickelst dich täglich, aber, in der Tat, ohne Vertrauen bleibst du da, wo du bist!

Wertschätzung und Sicherheit sind zwei wichtige Bereiche, die hier hineinspielen; ich verweise dich auf das entsprechende Kapitel. Während deiner Entwicklung mußt du die Sicherheit haben, es wert zu sein, um den Prozeß der zunehmenden Entgrenzung zuzulassen. Auch die dynamischen Energien sind wichtig; nimm dir das Kapitel über die „Annahme deiner göttlichen Macht" noch einmal vor.

Letztendlich ist es wieder einmal der Emotionalkörper, der die Unbegrenztheit annehmen muß. Wenn er erkannt hat, daß von Augenblick zu Augenblick ein Grenzpfahl nach dem anderen weicht, beginnt er sich auf den Punkt, den wir das Ewige Jetzt nennen, zuzubewegen. Dort kappt er die Verbindungstaue, die ihn an das fesseln, was vergangen ist, und überläßt sich dann der ewigen Grenzenlosigkeit, in der wir nur noch wachsen können.

Kapitel 37

UNTERSTÜTZUNG UND STRUKTUR

Wir suchen und brauchen alle Unterstützung. Einige erwarten sie von ihrer Familie, den Freunden und Verwandten, der sozialen Umwelt, den Regierungen usw. Deine Erwartungen in dieser Hinsicht müssen nicht enttäuscht werden, aber was du wirklich brauchst, ist die Unterstützung deiner Seele. Mit anderen Worten: Wenn du dich mit deiner Seele indentifizierst, unterstützt dich deine Herzstruktur und damit die Quelle, die exakt die Hilfe zuteilt, die du gerade brauchst. Du mußt wissen, daß du dich auf die Quelle immer stützen kannst, es ist jederzeit Verlaß auf sie. Ich behaupte nicht, daß sie dich aus den Schwierigkeiten heraushaut, die du dir mit deinen Programmen selbst geschaffen hast. Aber sie wird, wenn du es zuläßt, Hilfe herbeirufen. Sie wird dir die Ruhe, den Seelenfrieden und das Wissen, daß du nicht allein bist, vermitteln. Die Unterstützung des Herzens macht dich sicher, daß du ein Teil von etwas Größerem bist, daß du eine sehr wichtige Rolle im größeren Plan, im größeren Sein spielst, daß du diese Rolle und die Unterstützung wert bist, daß sie dir niemand nehmen und du im wesentlichen auf die Unterstützung dieser Struktur setzen kannst.

Unterstützt dich jemand, der dir eigentlich helfen sollte, nicht wirksam genug, dann schau dir an, wo oder auf welche Weise *du die Unterstützung des Schöpfers und deiner Seele ablehnst.* Irgendwo muß es eine Lücke in der Verbindung zu dem fundamentalen Part deines Selbst geben, der dich mit der Quelle verbindet.

Die Unterstützung, die du dir im täglichen Leben wünschst, ist mit der grundlegenden Struktur der Quelle verbunden. Diese Struktur unterstützt alle Aspekte der Schöpfung und ist hochspezialisiert: Wenn du von einem bestimmten Teil der Quelle kommst, besitzt du bestimmte Qualitäten, die es erleichtern, auf einem bestimmten Strahl zu „reiten", d.h. ein bestimmtes Interesse wahrzunehmen. Jeder von euch trägt das gesamte Potential in sich, aber du spezialisierst dich, so wie die Zellen spezialisiert sind. Wenn du zum Beispiel den Strahl wechselst oder eine andere Umgebung aufsuchst, folgst du einer anderen Spur; dort fühlt sich die Unterstützungsstruktur ganz anders an, und du erkennst sie vielleicht nicht gleich. Aber sie ist da, und du wirst auch in diesem neuen Bereich den nötigen Raum für dich bekommen. Es bedarf nur einer kleinen Anpassung in der Blaupause der umfassenden kosmischen Struktur. Wisse also, du wirst immer unterstützt, welche Art zu leben du auch wählst; dein Part im kosmischen Plan ist nicht so fixiert, daß du daran gebunden bist. Die Möglichkeit, den Schauplatz, das Interesse zu wechseln, gibt es immer. Du hast die Freiheit der Wahl, und deine Wahl wirft jeden Teil des kosmischen Plans für deine Person buchstäblich um, aber sie verlangsamt auch die Bewegung in deiner Evolution. Denn wenn du so viele Anpassungen machen mußt, um in verschiedene Kategorien oder Unterstützungssysteme innerhalb der Quelle zu gelangen, dauert es naturgemäß länger, den Evolutionspunkt zu erreichen, den du anstrebst. Deswegen ist der wirksamste, schnellste und leichteste Weg zu deiner Evolution und zurück zur Mitschöpferebene die Ausrichtung am göttlichen Plan, an der Blaupause, wie sie für dich vorgesehen ist. Aber der Schöpfer übt keinerlei Druck auf dich aus. Er liebt Erfahrungen und ist zufrieden, wenn du Erfahrungen machst, so lange und auf jede Art, wie du es wünschst.

Sei trotzdem sicher, daß du in der Struktur, unabhängig davon, wie du dich entschließt, immer gut aufgehoben bist. Sie gesteht dir freie Wahl und eigene Erfahrungen ohne Bewertung zu. Die einzige Bewertung, die du erfährst, die gibst du selbst. Wenn es manchmal den Anschein hat, daß ein anderer dich verurteilt, nimm es nicht an, es braucht für dich nicht zu existieren.

Erkenne, daß es für dich im Rahmen des kosmischen Plans einen leichten Weg zurück gibt, der vom Schöpfer für dich vorgesehen ist, aber du kannst auch viele, viele Zickzackwege einschlagen. Je länger du es hinauszögerst, dich mit deiner Seele zu verbinden, umso mehr Erfahrungen mußt du machen. Ob du es magst oder nicht, es ist deine Wahl! Einige sind vernarrt darin. Sie werden der physischen Existenz nie müde und fühlen sich immer aufs neue in ihr wohl. Sie beherrschen sie exzellent. Aber irgendwann wird es auch ihnen dämmern, daß es noch mehr und noch ganz andere Ebenen gibt, die sie erfahren können.

Denk auch daran, daß du von allen anderen Königreichen, vom Pflanzen-, Tier- und Mineralreich, unterstützt wirst. Besonders in letzter Zeit hast du vielleicht die Hilfe durch Kristalle erfahren. Beachte, daß die Erde dir all diese Unterstützung gewährt, und sei ihr dankbar. Und wenn du dieses Leben wirklich genießt, danke auch den anderen Königreichen, denn ohne sie wäre auch das nicht möglich.

Kapitel 38

VERANTWORTUNG

Du bist verantwortlich für die Ebene, die du überblickst und verwaltest. Du mußt nicht alles auf das vollkommenste erledigen, sondern nur auf das reagieren, was vor sich geht. Jeder Mensch ist in der Lage, auf alles in seiner Umgebung zu reagieren. Verantwortlichkeit gehört zu den Eigenschaften eines Führers. Es ist die Fähigkeit zu sehen, was geschieht, und es zu ändern, wenn es nicht richtig ist. Es gibt Menschen, die davor zurückscheuen, Verantwortung zu übernehmen, sei es für eine Partnerschaft, für eine Arbeit, für laufende Geschäfte oder für sonst etwas.

Die Widerstände gegen die Übernahme einer Verantwortung entspringen den unterschiedlichsten falschen Wahrnehmungen und Glaubenssätzen: 1. Man ist nicht wert, Verantwortung zu tragen; 2. man ist unfähig, Verantwortung zu übernehmen; 3. man scheut die Last der Verantwortung; 4. Verantwortung beschränkt die Freiheit; 5. Verantwortung verhindert das Glück; 6. Verantwortung hemmt andere Potentiale in der Entfaltung; 7. Verantwortung macht dich schwerfällig; 8. Verantwortung unterdrückt das Kind in dir; 9. der Emotionalkörper fürchtet den Entzug von Vergnügungen, Bequemlichkeit oder Freizügigkeit; 10. Angst zu versagen; 11. Angst, im Käfig zu sitzen; 12. Angst, eine Verantwortung nie wieder loszuwerden; 13. Angst, ihretwegen etwas Wichtiges aufgeben zu müssen, dadurch Einbuße der freien Wahl; 14. Festhalten an alten Verantwortlichkeiten; 15. widersprüchliche Verantwortlichkeiten; 16. Schuldgefühle und Versagensängste gegenüber dem Schöpfer, weil man der Verantwortung nicht gerecht wird; 17. Ärger oder Feindseligkeit, weil man Verantwortlichkeiten annehmen muß, die man nicht haben möchte, wie zum Beispiel die Verantwortung für das Leben oder für einen aktiven Ausdruck der Evolution.

Zum Thema der Verantwortung gehört auch die Möglichkeit, auf Verantwortlichkeit zu verzichten. Es ist ebenso wichtig zu wissen, wo eine Verantwortung aufhört, als zu entscheiden, wo sie anfängt. Man muß in der Lage sein, zwischen zwei Verantwortlichkeiten zu wählen, aber auch eine Verantwortung auszudehnen oder zu begrenzen. Einige sind unfähig, eine Verantwortung aufzugeben, wenn sie sie einmal übernommen haben. Sie sind im festen Glauben, daß sie als einzige diese Verantwortung richtig ausfüllen können, daß alles auseinanderfallen würde, wenn sie gingen. Es gibt das Glaubensdogma, daß eine Arbeit, die einmal auf eine bestimmte Art und Weise geleistet wurde, nach immer demselben Muster ausgeführt werden muß.

Die Widerstände gegen das Aufgeben einer Verantwortung liegen in Schuldgefühlen und Versagensängsten sowie in den Überzeugungen, daß man ein schlechter Mensch ist und bestraft wird, daß man nie wieder unterstützt wird, wenn man die Verantwortung einfach von sich wirft, usw. usw. Es gibt zahllose Mißverständnisse in Bezug auf Verantwortung und Verantwortlichkeit. Manchmal läßt du andere bestimmen, wo deine Verantwortlichkeiten liegen, manchmal hast du zu hohe Erwartungen an dich selbst. Das führt zu einem Perfektionismus, der dich unmögliche Standards festlegen und eine Bürde auf dich nehmen läßt, die du auf deiner gegenwärtigen Evolutionsstufe gar nicht bewältigen kannst. Du magst dich verpflichtet fühlen, jedwede Verantwortung auf dich zu nehmen, um die du gebeten wirst oder die man von dir erwartet; das endet dann gewöhnlich mit dem Gefühl, alle Verantwortlichkeiten der Welt, der Menschheit oder gar der Quelle auf den Schultern zu haben, was dann zu Rückenproblemen führt. Dann hast du sogar Schuldgefühle, etwas zu genießen, was nicht mit deinen Verantwortlichkeiten verbunden ist!

Wann weißt du, daß eine Verantwortlichkeit für dich zu Ende geht? Nun, wenn deine Seele dir zum Beispiel eine neue präsentiert, die eine neue Betonung, einen neuen Fokus erfordert. Dann kannst du sicher sein, daß deine alten Verantwortlichkeiten von einem anderen übernommen werden. Als ein erfahrener Lichtarbeiter läßt du eine Verantwortung nicht einfach fallen, sondern du läßt es zu, daß sie von einem anderen übernommen wird, selbst wenn der Nachfolger anders arbeitet als du oder das Ganze noch nicht vollständig überblickt. Jeder muß dem nächsten die Chance geben, eine neue Herausforderung anzunehmen. Er braucht deine volle Unterstützung, nicht deine Eifersucht und Nörgelei. Erlaube, was geschieht, und du wirst für deine nächste Verantwortlichkeit freigesetzt, die für dich genauso aufregend und herausfordernd sein wird.

Erkenne, daß du andere in ihren Verantwortlichkeiten unterstützen kannst. Das bringt eine neue Ebene hervor, die Mitschöpferebene. Erlaube dir, Verantwortung in einem Bereich zu teilen, d.h. bereit zu sein, zusammen mit anderen Mitschöpfern zu arbeiten. Die Erfahrung, daß die Verantwortung aufgeteilt werden kann, ohne daß ein Chaos entsteht, ist wichtig. Lerne das, indem du anderen erlaubst, zu deinen Verantwortlichkeiten beizutragen, und sei dir der Notwendigkeit bewußt, daß andere ihre Kreativität in deinen Aufgabenbereich hineintragen.

Kapitel 39

DIE GRUPPE

Es gibt nur einen Weg zur wahren Befriedigung im Leben: tu etwas für deine Mitmenschen, deine Mitschöpfer; erkenne sie an und nimm sie an! Ein Inseldasein läßt dich nicht zur wahren Energie gelangen, die jenseits der monadischen Ebene existiert und gleichzeitig mit der Gruppenebene des Physischen verbindet. Die Lektion lautet auf allen Ebenen gleich, aber die Energie ist unterschiedlich. Tatsächlich seid ihr alle Mitschöpfer im Babystadium, aber während ihr euch entwickelt, arbeitet ihr euch mehr und mehr zur Mitschöpferebene vor. Was erschafft ein Mitschöpfer? Er erschafft das Leben, die Evolution. So wie du dein Leben durch deine eigenen Glaubenssätze erschaffst, so erschafft ihr alle zusammen durch eure Glaubenssätze und die Art, wie ihr sie zusammenwebt, die Evolution der Menschheit und der Erde.

Dabei ist sehr viel Gruppenprogrammierung zu überwinden, weil dieser Bereich für fast alle äußerst problematisch ist. Denn es gab immer viel Verrat, viel Ärger, Eifersucht, Angst, Schmerz und Stichelei. Deshalb scheut man die Verbindung mit Gruppen und schreckt vor dem Versuch zurück, eine Gruppe anzuleiten; es wurmt, das Opfer einer Gruppe und ihren Energien unterworfen zu sein. Wenn du niemals einer Gruppe angehört hast, kannst du sicher sein, daß du mit Gruppenprogrammierungen vollgestopft bist. Hältst du es nicht lange aus, mit vielen Menschen in einem Raum zu sein, gerätst du leicht in Panik? Dann mußt du dir ansehen, was dieses Unwohlsein hervorruft. Es gibt zum Beispiel Gruppen, die einen starken Leiter haben, der als Autorität angesehen und deshalb bekämpft wird. Viele Leiter können auf Kontrolle nicht verzichten, und das erregt in einer Gruppe immer Widerstand.

Kommunikation ist der beste Weg zu guten persönlichen Beziehungen innerhalb der Gruppe; Probleme in der Gruppe entstehen meist aus mangelhafter Kommunikation. Man braucht viel Erfahrung und Übung in der Gesprächsführung, besonders dann, wenn du ehrlich mitteilen möchtest, was du fühlst und denkst. Zwiesprache ist der Schlüssel zum Verständnis. Du kannst einen anderen nicht verstehen, wenn du nicht weißt, was jener fühlt, was er denkt oder zu erreichen sucht. Du magst „ver-stehen" vielleicht als „unter jemandem stehen" einstufen; aber gerade das erlaubt deine Empfänglichkeit gegenüber anderen Perspektiven. Wenn du die Sichtweise eines anderen nicht akzeptieren willst, kannst du immer noch seine Göttlichkeit anerkennen. Das ist das Werkzeug der Evolution auf der Mitschöpferebene.

Es gibt keinen Ersatz für die Kommunikation, gleichgültig, wie sie vor sich geht: verbal, emotional, über Tanz, Musik oder Meditation, die auf einer höheren Ebene mit höheren Qualitäten verbindet. Gruppen können durch Kommunikation zusammengefügt und -gehalten werden. Kommunikation muß parallel zu den Aktivitäten verlaufen, muß jedem mitteilen, was geschieht und wo das Ziel liegt. Wenn es einen Führer gibt, muß er mit allen Mitgliedern in Kontakt stehen, so daß sie sich einbezogen fühlen und bereit sind, sich aufs höchste für das Ziel einzusetzen. Denn wenn die Mitglieder einer Gruppe mit dem Ziel nicht übereinstimmen, werden Differenzen in den Handlungsabläufen entstehen und das Ergebnis beeinträchtigen. Deshalb muß der Leiter klare Vorstellungen über die Organisationsstruktur, die Aufgabenverteilung und den Handlungsverlauf haben. Der Leiter einer metaphysischen Gruppe muß für neue Experimente, neue Wege der Erforschung offen sein.

Eine metaphysische Gruppe kann für die Hierarchie eine sehr wertvolle Hilfe sein, aber sie muß geleitet werden, ohne daß die Gruppenmitglieder in ihrer Kreativität erdrückt werden. Jeder muß sich zu seinem vollen Potential entwickeln dürfen, ohne die Integrität der Gruppe oder die Arbeit der anderen zu beeinträchtigen. Die Programmierungen der einzelnen Gruppenmitglieder sorgen schon dafür, daß dieses Ziel schwer zu erreichen ist. Die Herausforderung besteht darin, sowohl die Stärken als auch die Schwächen der einzelnen zu nutzen und sie alle in jenen Teppich hineinzuweben, der ein Ganzes werden soll in Richtung auf das Ziel. Wenn diese Zusammenarbeit nicht möglich ist, schau dir die Kommunikation an und, wenn möglich, kläre sie. Eine Gruppe kann wie ein Individuum geklärt werden, auf die gleiche Art und Weise wie beim einzelnen.

Kapitel 40

WUT AUF DEN PROZESS

Wut auf den Prozeß ist Wut auf die Quelle. Du und deine Beziehung zur Quelle, das ist die fundamentale Ebene der Existenz. Ganz sicher bist du dir auf dieser Ebene der Liebe der Quelle bewußt, denn ihr habt sie alle innerhalb der Quelle umfassend erfahren, bevor ihr euch in den Individualisierungsprozeß begabt. Vor deiner Geburt warst du geliebt, geschätzt, und dein Bewußtsein war so umfassend wie das der Quelle selbst. So wie ein Ungeborenes alles mit der Mutter teilt, hast du vor der Individualisierung an allen Mitteln der Quelle teilgehabt. Es war eine wundervolle Erfahrung, eine, die dich viel gelehrt hat, aber dein Bewußtsein war allumfassend und nicht spezifisch. Weil die Quelle sich bemüht, in allem spezifisch bewußt zu sein, hat sie sich individualisiert, hat sie einzigartige Perspektiven hervorgebracht, die wir sind, und diese einzigartigen Perspektiven wachsen, lernen und entwickeln sich.

Wie ich in diesem Buch wiederholt betont habe, sind deine emotionalen Perspektiven der Schlüssel zum Erkenntnisprozeß. Wenn du dich emotional an Widerständen festkrallst oder dein Bewußtsein auf das Vergangene konzentrierst, statt auf die neuen Aussichten, wird es schwerhalten, die Möglichkeiten, die sich dir jetzt bieten, wahrzunehmen. Bist du befangen im Gefühl, etwas verloren zu haben, dann sage ich dir: Im eigentlichen Sinne hast du die Quelle nie verlassen — wie wäre das auch möglich! —; es ist lediglich die veränderte Perspektive, die andere Umgebung, die dich zu diesem Gefühl verleiten. Gib dieses Gefühl auf, es hält dich davon ab, dich so innig wie immer unterstützen zu lassen und dich immer noch als Teil der Quelle zu empfinden. Eine wirkungsvolle symbolische Übung besteht darin, dir die Gefühle, die du vor und nach deinem Individualisierungsprozeß hattest, wachzurufen.

Viele erkennen diese tiefen Gefühle nicht, weil sie sie begraben haben. In ihrer Beziehung zum Schöpfer gibt es Ängste in Bezug auf das Lernen und das Wachstum. Damit sie nun fortwährend fühlen können, daß sie spirituelle Fortschritte machen, haben sie viele ihrer Emotionen einfach in die Grube geworfen. Wenn ihr negative Gefühle ausdrückt oder das, was ihr für negative Gefühle haltet, bedeutet das für euch: „Sieh dir das an, ich komme spirituell einfach nicht so voran, wie ich sollte. Hier stehe ich nun und fühle nur Verlust, Wut, Groll und Frustration, und dabei sollte ich doch voller Liebe, Mitgefühl und Vertrauen sein."

Die Quelle hat ein System errichtet, durch welches sie sich entwickelt, und das sind eure Gefühle. Wenn du den Gefühlen nicht erlaubst, sichtbar zu sein, verscharrst du den Schlüssel, der dich verstehen läßt, warum ein bestimmtes Erlebnis zu dir gekommen ist oder was du aus ihm lernen kannst. Ja, mental kannst du es jetzt verstehen und spirituell ganz sicher daraus lernen, aber solange du es emotional nicht angenommen hast, wird es in deinem Leben keinen physischen Rahmen geben, der die klarere Perspektive dieses Lernvorgangs widerspiegelt. Mit anderen Worten, deine Gefühle sind der Schlüssel zu einem erfüllten dynamischen Dasein, das sich zu leben lohnt.

Um auf die Analogie der Quelle zurückzukommen: Weil du dich fürchtest, negative Emotionen auszudrücken, erschaffst du ein Verhaltensmuster, das diese Emotionen begräbt. Viele von euch waren voller Erwartungen, als sie sich individualisierten, doch nach dem Passieren des Geburtskanals hatten sie das Empfinden, daß ihre Erwartungen enttäuscht wurden. Sie fühlten sich verraten, verwirrt, frustriert oder gar minderwertig. „Wie könnte die Quelle Fehler begehen?" lautet die Argumentation; „also muß ich etwas falsch gemacht haben, und deswegen habe ich nicht den gewünschten Rahmen, auf den ich Anspruch zu haben glaubte — es ist jedenfalls ganz anders, als es vorher war." Ihr müßt erkennen, daß durch die Spezialisierung der Quelle Veränderungen nötig wurden, es mußte eine dynamische Qualität im Leben geschaffen werden, die vorher nicht vorhanden war.

Du magst die Quelle nicht bewußt erinnern, bevor sie sich individualisiert hat. Ich, Vyvamus, bin zu dem Zeitpunkt des Beginns zurückgegangen und habe ihn mir angeschaut: Es ist einfach ein weniger bewußter Zustand unserer Quelle. Wir könnten es ein Heranwachsen, einen Wachstumsprozeß nennen, bevor die Quelle reif genug war, die in ihr schlummernden Talente und Fähigkeiten einzuschätzen und ihre dynamischen Qualitäten wahrzunehmen. *Denk daran, daß man auf jeder Ebene eine Perspektive erst integrieren muß, bevor sie verfügbar ist und sicher und dynamisch genutzt werden kann.* Das bedeutet, daß eine umfassende Veränderung erst dann stattfinden konnte, als unsere Quelle das Erwachsenenstadium erreichte, jene integrierte Erkenntnisfülle, die ihr erlaubt, ihre Mittel zu erkennen und zu benutzen. Ihr habt an dieser Veränderung teilgenommen. Die Quelle sagte damals zu allen ihren Aspekten: „Unterstützt mich in meinem Lernprozeß; ich verspreche euch dafür eure volle Entwicklung in denselben Zustand, in dem ich existiere."

Die Quelle verhieß euch keineswegs eine glatte, rasche Entwicklung, sondern eine mühsame, Schritt für Schritt. Aber das ist es, was so viele von euch wütend macht, auch ängstlich und unsicher, doch vornehmlich erfüllt euch wirklich Wut. Wut über den Verlust der bequemen Unterstützung durch die Quelle! Es ist Zeit nun, endlich loszulassen, was einmal war, und zu erkennen, was jetzt ist. Laßt eure Wut zu einer Energiequelle werden, die euch das Einswerden mit dem Potential der Quellebene erlaubt und schließlich zu der vollen Schöpferebene führt, die ihr zu erreichen sucht. Dies muß — ich kann es nicht oft genug betonen — über die Mitschöpferebene geschehen. Darüber habe ich in verschiedenen Abschnitten bereits gesprochen.

Wann immer du wütend bist, gehe tief in dich hinein. Laß deinen Ärger auf den Prozeß endgültig fahren. Befreie dich von deinen tiefsten Programmierungen, dann wirst du Energiequellen in dir entfesseln, die dir vorher nicht zur Verfügung standen. Dieser Befreiungsakt trägt dich auf die Mitschöpferebene.

Kapitel 41

SCHÖPFER UND MITSCHÖPFER

Deine Verbindung mit dem Schöpfer ist natürlich lebenswichtig. Diese Quellenverbindung geht weit ins Unbewußte zurück, denn diese grundlegende Verbindung unterstützt dein Leben, deine Fülle, den totalen Fluß im Physischen. Manchmal wird diese Verbindung in deiner Beziehung zu den Eltern oder zu Autoritäten gespiegelt, doch häufig wird sie nicht deutlich wahrgenommen, weil Empfindungen von Minderwertigkeit, Zurückweisung oder Entfremdung den klaren Fluß der Unterstützung durch die Quelle verhindern. Einige unterhalten gute Beziehungen zur Quelle, dem Schöpfer, aber keine zur Menschheit, zur Mitschöpferebene, wie ich es nenne. Sie können nicht mit Gruppen arbeiten. Frage jemanden, ob er Probleme mit Gruppen hat, und er wird es verneinen; aber frage ihn, ob er Mitglied einer Gruppe ist, und er wird dir antworten: „Nein, ich bin nie in einer Gruppe gewesen. Ich habe das Gefühl, daß ich keine Gruppe brauche, ich bin lieber allein. Ich bin ein Einzelgänger." Das ist todsicher ein Zeichen von Gruppenprogrammierungen, und ich würde sagen, daß drei Viertel aller Menschen zur Zeit ernste Schwierigkeiten in dieser Hinsicht haben. Ihnen fehlt die Erkenntnis, daß sie unweigerlich ein Teil der Gruppe sind, sei es nun ein Staat, die Erde mit ihren Kontinenten, der Arbeitsplatz, die Familie oder ein Club mit ganz speziellen Zielen.

Jeder ist unwiderruflich Teil der Menschheit, von Geburt an, so wie die Menschheit Teil des Schöpfers ist. Doch obwohl sie seine Manifestation ist, steht das menschliche Unbewußte im Konflikt mit ihm. Es folgt seinen vielen Programmierungen, die ihm einflüstern: „Ich kann entweder eine Verbindung zum Schöpfer unterhalten oder zur Menschheit, der Mitschöpferebene, aber ich kann nicht beides gleichzeitig haben." Dabei möchte der Schöpfer gar nicht, daß du deine Bemühungen um ihn abschwächst, wenn du mit einer Gruppe arbeitest. Du sollst ihn vielmehr in seiner Schöpfung nachahmen, als Einzelgänger sozusagen, und das hört sich nun natürlich sehr eigenartig an. (Viele von euch, die jetzt denken, daß sich das seltsam anhört, haben genau diese Programmierung!) Damit ist nicht der Einzelgänger gemeint, der alles ganz alleine machen *muß,* der immer der Erste und der Beste sein muß, der keine Konkurrenz erträgt und niemanden in der Nähe duldet, der seine speziellen Kenntnisse herausfordert, und der sich immer nur als Leiter einer Gruppe denken kann. All dies sind Anzeichen für den Schöpferfokus, der die Mitschöpferebene außer acht läßt. Dann gibt es Glaubenssätze, daß der Schöpfer dich im Stich läßt, wenn du zur Mitschöpferebene überwechselst und mit Gruppen statt allein arbeitest. Und natürlich gibt es auch auf der Mitschöpfer- oder Gruppenebene viele, die glauben, daß sie nur dort arbeiten können, weil sie einfach nicht das Zeug zum Führen und primären Schöpfen haben; sie fühlen sich nicht wert oder zumindest nicht gleichwertig und glauben, daß der Schöpfer diesen Weg für sie nicht vorgesehen hat. Am glücklichsten sind jene, die erkennen, daß beide dieser Qualitäten, die Fähigkeit, Schöpfer und Mitschöpfer zu sein, wichtig sind, um ein klares, glückliches und reiches Leben zu führen.

So ist die Verbindung zum Schöpfer und zur Mitschöpferebene lebenswichtig, um sein Potential gänzlich entfalten und das Leben in der physischen Struktur voll genießen zu können.

Kapitel 42

WILLE UND WAHL

Über das Problem des freien Willens und der freien Wahl herrscht große Verwirrung. Viele fürchten den Verlust der Freiheit, wenn ihnen der freie Wille beschnitten wird, und Freiheit wird in der westlichen Gesellschaft über alles geschätzt. Freiheit bedeutet für viele Menschen, daß sie die Möglichkeit haben zu wählen, was immer sie sich wünschen, ohne die mindeste Beschränkung. Ihr persönlicher Wille trifft die Auswahl. Wenn sie dann einmal den Versuch unternehmen, sich am Göttlichen auszurichten und zum Schöpfer zu sagen: „Dein Wille geschehe, nicht meiner; ich möchte mich am kosmischen Plan ausrichten und meinen Teil in ihm einnehmen", dann löst die Egopersönlichkeit Alarm aus, weil sie ihren freien Willen und ihre freie Wahl bedroht sieht und zum Roboter, d.h. zu einem total kontrollierten Wesen zu werden fürchtet. Das ist natürlich nicht wirklich so. Erstaunlicherweise ist gerade die freie Wahl, die du abseits vom Plan oder gegen ihn triffst, im allgemeinen durch deine Programmierung bestimmt und damit zwanghaft. Deine angeblich freie Wahl leitet dich in Wahrheit auf die Umwege deines Lebens um. Dabei hat der göttliche Plan für dich einen Weg vorgesehen, der sehr direkt deine Entwicklung vorantreibt und gleichzeitig von Nutzen für alles andere ist. Solange du dem Plan aus dem Wege gehst und lieber einen Umweg riskierst, hältst du alles auf, aber das stört den Schöpfer nicht. Der Schöpfer ist äußerst langmütig, und du kannst dir so viele Umwege leisten, wie du willst, und so vieles verzögern, wie du möchtest: Das System wird spielend damit fertig. Aber dein eigener Seelenfrieden, deine Freude, dein Glück, sie alle leben von deiner Hingabe an den Plan, und nur sie führen dich zum nächsten Schritt in deiner Evolution.

Wenn ich sage, daß du dich dem Plan hingibst, bedeutet das ganz und gar nicht, daß du unter Kuratel stehst, sondern daß du verschiedenen weitgestreuten Zielen dienst; und das tust du auf deine Weise, auf eine Art, die deiner Position, Erfahrung und Erziehung und deinem Wissensstand entspricht. Denn wenn dich deine Hingabe um die Führung der Seele bitten läßt, übernimmt sie die Regie und integriert dich in den größeren Plan, den sie in sich trägt und der sie auf die Erde führte. Sie weiß nur zu gut, wie man das macht! Sie gibt dir das Gefühl, ein Ziel erreicht zu haben, die dynamischen und rezeptiven Energien vollständiger zu nutzen und besser miteinander zu verbinden, während du dich in deiner Evolution vorwärtsbewegst. Es bedeutet nicht notwendigerweise, daß dein Weg nun leicht sein wird, aber er wird dir nicht mehr schwer erscheinen. Du wirst viele wichtige und wertvolle Dienste ohne Ärger, ohne Streß und ohne Widerstand leisten können, und das ist in der Tat ein erstrebenswertes Ziel für das Leben in der physischen Existenz.

Schau dir also an, warum du dich dem kosmischen, dem göttlichen Plan nicht hingeben kannst. Ist er für dich fehlerhaft? Übervorteilt er dich? Verlierst du deine eigene Identität? Kämpft dein Ego gegen ihn aus dem Gefühl, daß es ausgelöscht wird? Arbeite an diesen Programmierungen, bis du die Hingabe an die größeren Bedürfnisse der Evolution, die über deine persönlichen hinausgehen und sie doch miteinbeziehen, empfinden kannst.

Weitere Bücher von Vyvamus und Janet McClure:

Du hast die Wahl	ISBN 3-924161-15-1
Die Kunst des Channelns	ISBN 3-924161-28-3
Die Erde ist in meiner Obhut	ISBN 3-924161-50-x

---

im ch. falk-verlag
83370 seeon, ischl 11, tel. 08667/1413, fax 08667/1417